Desenvolver a
autoestima

Dados Internacionais de Catalogação na Publicação (CIP)
(Câmara Brasileira do Livro, SP, Brasil)

Grün, Anselm
 Desenvolver a autoestima / Anselm Grün; tradução de Márcia Neumann. – Petrópolis, RJ: Vozes, 2021.

 Título original: Selbstwert Entwickeln: Ohnmacht Meistern

 3ª reimpressão, 2024.

 ISBN 978-85-326-6476-1

 1. Autoaceitação 2. Autoconsciência 3. Autoestima 4. Conduta de vida I. Título. II. Série.

08-06312 CDD-158.1

Índices para catálogo sistemático:
1. Autoestima: Psicologia aplicada   158.1

Anselm Grün

Desenvolver a autoestima

Tradução de
Márcia Neumann

Petrópolis

© 1995 e 2001, Kreuz Verlag, Stuttgart, Alemanha
© Kreuz Verlag, pertencente à Verlag Kreuz GmbH, Stuttgart, Alemanha,
10ª edição alemã.

Esta tradução de *Selbstwert Entwickeln – Ohnmacht Meistern*, publicada primeiramente em 1995 pela Kreuz Verlag GmbH & Co. KG Stuttgart, Zurique, agora é publicada com a licença da atual detentora dos direitos, Kreuz Verlag, 70565, Stuttgart, pertencente à Verlag Kreuz GmbH.

Tradução do original em alemão intitulado *Selbstwert Entwickeln – Ohnmacht Meistern*

Direitos de publicação em língua portuguesa, Brasil:
2008, 2021, Editora Vozes Ltda.
Rua Frei Luís, 100
25689-900 Petrópolis, RJ
www.vozes.com.br
Brasil

Todos os direitos reservados. Nenhuma parte desta obra poderá ser reproduzida ou transmitida por qualquer forma e/ou quaisquer meios (eletrônico ou mecânico, incluindo fotocópia e gravação) ou arquivada em qualquer sistema ou banco de dados sem permissão escrita da editora.

CONSELHO EDITORIAL

Diretor
Volney J. Berkenbrock

Editores
Aline dos Santos Carneiro
Edrian Josué Pasini
Marilac Loraine Oleniki
Welder Lancieri Marchini

Conselheiros
Elói Dionísio Piva
Francisco Morás
Gilberto Gonçalves Garcia
Ludovico Garmus
Teobaldo Heidemann

Secretário executivo
Leonardo A.R.T. dos Santos

PRODUÇÃO EDITORIAL

Aline L.R. de Barros
Jailson Scota
Marcelo Telles
Mirela de Oliveira
Natália França
Otaviano M. Cunha
Priscilla A.F. Alves
Rafael de Oliveira
Samuel Rezende
Vanessa Luz
Verônica M. Guedes

Editoração: Sheila Ferreira Neiva
Diagramação: Sheilandre Desenv. Gráfico
Revisão gráfica: Alessandra Karl
Capa: Érico Lebedenco

ISBN 978-85-326-6476-1 (Brasil)
ISBN 3-7831-2119-1 (Alemanha)

Este livro teve uma primeira edição com o título *Desenvolver a autoestima: Superar a incapacidade – Caminhos espirituais para o espaço interior*.

Este livro foi composto e impresso pela Editora Vozes Ltda

Sumário

Introdução – O autoconhecimento do homem atual, 7

Parte I – Desenvolver autoestima, 15

Capítulo I
A construção de um bom sentimento de autoestima, 17

Capítulo II
Ilustrações do sentimento de autoestima deficiente, 32

Capítulo III
Caminhos para um sentimento de autoestima saudável, 51

Parte II – Superar a incapacidade, 81

Capítulo I
Sentimentos de impotência (incapacidade), 83

Capítulo II
Consequências do sentimento de impotência (incapacidade), 93

Capítulo III
Caminhos para lidar com a impotência (incapacidade), 101

Resumo, 125

Introdução
O autoconhecimento do homem atual

As pessoas, com as quais trato como conselheiro espiritual, gravitam com frequência entre dois polos: entre a falta do sentimento de autoestima e o sentimento de impotência. Não são apenas as pessoas jovens que sofrem por possuírem pouca autoconfiança e anseiam por desenvolver um sentimento forte de autoestima. Muitas vezes, pessoas que neste momento estão na metade da vida também me falam de seu sofrimento por não possuírem nenhum sentimento de autoestima. São pessoas que não têm confiança em si mesmas para defender a própria opinião diante de outras que se apresentam autoconfiantes. Não possuem confiança em si mesmas para nada. Pensam que os outros podem fazer tudo melhor do que elas. Antes de todas, são principalmente as mães cujos filhos acabaram de sair de casa; estas mães percebem de um momento para o outro como a autoconfiança, que foi construída com esforço, desaba; elas se definiram a partir de seus filhos. Agora são confrontadas consigo mesmas e têm a sensação de que não são nada a partir de si mesmas. As pessoas mais velhas também falam muitas vezes que fazem pouco juízo de si próprias. Com a idade elas se recordam que, quando criança, não foram levadas a sério e que nunca ninguém lhes perguntou sua opinião. Agora, que não podem mais apresentar nenhum desempenho, sentem-se sem valor.

As pessoas jovens têm grandes dúvidas se em geral são estimadas. Eles sofrem por não serem levadas a sério, por terem inibição, por não serem tão agradáveis como gostariam de ser. Elas se irritam consigo mesmas, ficam vermelhas assim que alguém toca em um tema que para elas é desagradável. E, acima de tudo, têm medo de talvez não poderem absolutamente ser dignas de ser amadas. Os rapazes sentem-se inibidos na presença das mulheres, porque estão inseguros, não sabem se serão aceitos por elas. Quando eles veem que os outros têm uma namorada, julgam-se inferiores porque ainda estão sozinhos e nenhuma jovem se interessa por eles. Já as moças têm medo de não serem levadas a sério pelos homens, de serem ridicularizadas porque não correspondem ao ideal de beleza. Assim, elas empregam todas as suas energias amoldando sua aparência da maneira que acreditam que os rapazes desejam.

Os sentimentos de impotência também são discutidos com frequência nas conversas da pastoral. Seja por um jovem que se sente impotente para tomar uma decisão sobre seu futuro ou por outras pessoas que descobrem sua impotência na luta contra si mesmas. Estas pessoas não conseguem simplesmente seguir adiante. Elas sofrem repetidas vezes com o próprio fracasso, mas não conseguem modificar esta situação. Algumas mulheres jovens sofrem por não poderem ter controle sobre seus problemas com a alimentação. Alguns homens jovens sentem-se impotentes para lidar com sua sexualidade, de forma a corresponder às suas fantasias e aos seus ideais. Outros se irritam porque sempre fazem má figura, são inseguros diante dos outros e algumas vezes cometem erros, sem poder fazer qualquer coisa contra isso.

Muitas vezes os sentimentos de impotência têm sua causa em circunstâncias externas, como por exemplo, na situação do mercado de trabalho ou na realidade social e política. Alguém que após haver concluído seus estudos encaminhou 40 ou 50 candidaturas a empregos sente-se impotente em relação ao seu futuro. Este alguém tem a sensação de que poderia fazer o que quisesse, mas que nada adiantaria. Ele não poderia lutar contra a realidade cruel. Alguém que, quando estudante, se engajou na luta pela proteção ao meio ambiente muitas vezes se resigna, porque tudo não faria mesmo nenhum sentido e a sociedade continua como antes, tratando a natureza com desprezo. Um outro se sente impotente para salvar seu casamento em crise ou para mudar alguma coisa em um relacionamento que não está bem.

Muitos sentimentos de impotência têm origem na infância. Por exemplo, quando uma criança se sente impotente para suavizar as tensões entre os pais e apaziguar as brigas. É nesse período da vida que as crianças sentem muitas vezes uma raiva impotente, quando são punidas injustamente. Assim, esta mesma impotência é hoje vivenciada por elas, no convívio com os superiores e com as autoridades, nas situações de conflito na família, na comunidade, na empresa.

Também os pais se sentem impotentes diante de seus filhos adultos que seguem um caminho distinto daquele que imaginaram para seus filhos. Os pais não conseguem mais se comunicar com os filhos. Tanto as pessoas idosas como as jovens sentem-se impotentes diante de um mundo no qual muita coisa está errada, e sobre a qual porém eles não têm nenhuma influência porque têm suas decisões tomadas pelos outros, por grupos poderosos e por forças anônimas, que são inatingíveis.

Autoconfiança, autoconsciência, autodsegurança

No âmbito dos sentimentos de autoestima e de impotência existem muitos conceitos semelhantes. Neste aspecto, falamos de autoconfiança, autoconsciência, autossegurança. Estes conceitos estão de alguma forma correlacionados entre si; no entanto, cada um deles significa algo diferente. Nas conversas, ouço muitas vezes que alguém não poderia agir de forma autoconfiante, que não teria nenhuma autoconfiança, que não teria autossegurança. Uma pessoa autoconsciente é aquela que é consciente de si mesma, que sabe quem ela é, do que é capaz. Como autossegura, se define uma pessoa que pode atuar com segurança e não se deixa tornar-se insegura por nada, nem ninguém. Algumas vezes a autoconsciência também pode ser exibida. Neste caso a pessoa ressalta seu próprio *Eu* de maneira consciente. Uma pessoa também pode atuar de maneira autoconsciente, mesmo que tenha um sentimento de autoestima reduzido. Esta pessoa esconde sua baixa autoestima por meio de um comportamento autoconsciente e autosseguro.

O sentimento de autoestima é o conhecimento da própria estima, da própria dignidade, da individualidade como pessoa. É a intuição de meu *Eu*, de meu ser verdadeiro, da imagem que Deus fez de mim.

A autoconfiança diz mais respeito ao aspecto de que alguém se julga capaz de alguma coisa do que à confiança em seus próprios sentimentos e de que confia em Deus, que o ampara e o aceita.

O sentimento de autoestima e o sentimento de autoconfiança estão condicionados um ao outro. Porque eu sei que, como ser humano, possuo um valor divino intocável, posso aceitar-me como sou, posso ter confiança de que sou bom, posso julgar-me capaz de apresentar-me da maneira como sou. Para isto não é estritamente necessário que eu me apresente com autossegurança. Em um ambiente estranho, eu posso parecer estar inseguro, mas eu admito isto para mim mesmo. Então, apesar disso, eu tenho autoconfiança e autoestima. Eu sou valioso mesmo em minha insegurança e em minha inibição. Enquanto o autoconsciente não se permite nenhuma fraqueza, a autoconfiança também me permite ser fraco. O sentimento de autoestima não pode ser inflado; pelo contrário, ele é o sentimento do próprio valor em todas as fraquezas e limites.

Impotência, ausência de poder, impossibilidade

Ohnmacht, a palavra em alemão para *desmaio, desfalecimento*, significa em primeiro lugar o estado de inconsciência, a perda dos sentidos que pode se apresentar em função de um ataque de fraqueza. Quando a aflição se torna tão grande, que não se pode mais suportá-la, o corpo muitas vezes reage com *Ohnmacht*. A pessoa fica inconsciente, para não ter mais de presenciar aquilo que lhe é infligido. Por outro lado, o sentimento de impotência (*Ohnmachtsgefühl*) significa o sentimento da própria falta de poder. O poder tem sua origem no querer, na capacidade. Não ter poder significa então não ter possibilidade, não possuir influência, não ter capacidade. O impotente não tem capacidade de causar, de provocar alguma coisa; ele não tem nenhuma possibilidade de modificar alguma coisa, de dar forma a algo. O sentimento de impotência é parte essencial do ser humano. O ser humano é ao mesmo tempo potente e impotente. Tem poder de dominar este mundo e a si mesmo. Porém, também é impotente para ter a si mesmo sob controle, impotente diante de Deus.

Diante deste sentimento de impotência necessário e que pertence à existência humana, falamos hoje de sentimentos de impotência quando uma pessoa se sente impotente diante de sua vida, diante das pessoas de seu meio ou diante do mundo como um todo. O sentimento de impotência está muitas vezes relacionado a um sentimento de autoestima deficiente, porém não é idêntico a este. Algumas vezes o sentimento de impotência caminha lado a lado com o baixo sentimento de autoestima, como ocorre quando alguém se sente impotente diante dos próprios erros, quando alguém se sente sem forças para modificar-se. Por outro lado, existem muitas pessoas que possuem em geral uma autoconfiança saudável e que mesmo assim sofrem com sentimentos de impotência. Estas pessoas se sentem impotentes em muitas áreas de suas vidas. Sentem-se impotentes como professores porque não podem alcançar bons resultados com as crianças contra uma educação deficitária transmitida pelos pais. Pessoas que se sentem impotentes como padres, porque cada vez menos fiéis assistem às missas, muito embora os padres se esforcem e utilizem sua imaginação para fazer com que as missas sejam mais atraentes; porque, apesar de todo seu empenho, eles ainda veem pouco sucesso em seu trabalho pastoral. As pessoas se sentem impotentes diante das relações injustas em nosso mundo, diante da miséria global, diante das ondas de violência, diante de obstáculos burocráticos, diante de guerras sem sentido. Poucas pessoas podem suportar bem estes sentimentos de impotência. Algumas reagem de forma depressiva, outras se refugiam na resignação, outras ainda se tornam agressivas, golpeiam em todas as direções, para não ter mais de sentir a própria impotência. Ou então ambicionam o poder, para escapar de sua própria impotência.

    A seguir, devemos tratar de como podemos lidar com nossos sentimentos de impotência, que fazem parte de nossa existência humana, sem sermos determinados ou paralisados por eles. E eu como conselheiro espiritual gostaria de descrever o caminho de como podemos desenvolver um sentimento de autoestima saudável. Para mim não se trata apenas do nível puramente psicológico, mas antes de tudo de uma dimensão espiritual. Eu examino a questão como monge, que vive da fé e que vivencia a fé como amparo, que se sente valioso, que adquire autoconfiança na confiança em Deus. Eu espero encontrar na fé um caminho para colocar-me diante de minha impotência e de lidar com ela de modo criativo. No entanto, antes de poder encontrar auxílio na fé, para lidar com meus sentimentos de impotência e para desenvolver um bom sentimento de autoestima, eu tenho de me colocar diante da realidade de minha impotência e de meu sentimento de autoestima reduzido. A dimensão espiritual não pode simplesmente passar por cima do nível psicológico. Pelo contrário, apenas através dele eu encontro Deus. O caminho para Deus não passa ao largo de nossa realidade psíquica. Isto seria um *spiritual bypassing*, um atalho espiritual, como é chamada pelos americanos, a omissão religiosa da realidade. Não existe nenhum atalho espiritual que possa nos poupar de não enfrentar a realidade psíquica de nossas vidas. Cristo desceu até nós seres humanos para que encontremos a coragem de descermos até nossa própria realidade. Apenas desta forma poderemos nos elevar até Deus.

Parte I

Desenvolver autoestima

 Fundamentado em afirmações psicológicas gostaria de expor a formação do sentimento de autoestima e as razões que levam a um sentimento de autoconfiança reduzido. E também quero apontar um caminho que pode conduzir ao crescimento da autoconfiança. Trata-se para mim de um caminho que associa as descobertas da psicologia à espiritualidade. Trata-se sempre do mesmo Eu, que tem de aprender a se afirmar, do mesmo Eu que nasceu de Deus como uma pessoa única, que tem uma confiança básica na vida e que confia em Deus.

Capítulo I
A construção de um bom sentimento de autoestima

Não importa como nossa infância tenha transcorrido, cada um de nós tem a tarefa de desenvolver um sentimento de autoestima saudável. As condições, sob as quais temos de realizar esta tarefa, são naturalmente diferentes. Algumas pessoas, desde sua infância, receberam sempre confiança suficiente na vida e em si mesmas. Outras, quando criança, foram diminuídas e desvalorizadas. Para estas pessoas, a realização desta tarefa é bem mais difícil. Porém, também estas pessoas podem dizer sim a si mesmas e às suas histórias, reconciliarem-se com suas forças e com suas fraquezas e desta forma descobrir um Eu único e com isso também se assumirem diante dos outros.

Confiança básica

A experiência da confiança básica, que a criança quando ainda pequena descobre a partir da mãe, é decisiva. Quando a mãe irradia confiança, o filho então também desenvolve uma confiança forte. Se a mãe, no entanto, é insegura, se ela tem medo de cometer algum erro na educação do filho, então a criança também se tornará insegura. Na primeira fase da infância a criança assimila simplesmente aquilo que aprende da mãe. Neste processo, a criança não só percebe o que a mãe faz, mas também a maneira como faz. A criança percebe se a mãe se sente bem ou mal, se ela se sente segura ou insegura, se ela troca sua fralda com prazer ou contrariada, se neste ato existe amor ou agressão. Na criança, a segurança ou a insegurança, o sentimento da própria estima cresce a partir de todas estas percepções.

O conceito de "confiança básica" foi criado por Erik Erikson[1]. A confiança básica é o sentimento de poder confiar nos pais, mas também de poder confiar em si mesmo. Aquele que adquiriu esta confiança básica a partir de seus pais e do círculo familiar vê o mundo ao seu redor de forma confiante. Ele ousa viver sua vida, ele tem vontade de experimentar suas capacidades. Seu sentimento básico é sustentado por uma confiança profunda na confiabilidade das pessoas, ou seja, simplesmente na confiabilidade do *Ser*. Por fim, esta confiança básica tem um componente religioso. Na confiabilidade das pessoas se ilumina alguma coisa da fidelidade de Deus, que está ao nosso lado, em quem podemos confiar.

Erikson pensa que uma educação infantil comprometida com a religião e com a tradição "fortalece a confiança básica da criança na confiabilidade do mundo"[2]. A fé estende a confiança básica da criança nas pessoas e no mundo até Deus, o fundamento inicial de todo o *Ser*. Se uma criança desenvolve muito pouca confiança básica, se torna exageradamente autocrítica. Duvida de si mesma, de suas capacidades e de sua aceitação pelas pessoas. A confiança na vida é a condição para que a criança encontre a *identidade do Eu*. A *identidade do Eu* significa o sentimento de que eu aceito todas as esferas de

---

1. ERIKSON, E.H. *Identität und Lebenszyklus*. Frankfurt, 1966.
2. Ibid., p. 74.

minha vida e de que as integrei ao meu *Eu*, de que eu vejo as linhas vermelhas em minha vida e de que encontrei a unidade interior de meu *Ser*. Uma *identidade do Eu* forte concede à criança segurança contra seus impulsos e a protege da consciência cruel, com a qual as pessoas que não possuem confiança básica se martirizam. Aquele que encontrou sua *identidade do Eu* é capaz de individualizar e ao final de generalizar, de ser fértil, e esta fertilidade tanto pode se expressar em filhos, mas também em desempenho criativo. Segundo Erikson, o objetivo do desenvolvimento humano é a integridade. Quem alcançou a integridade tornou-se um consigo mesmo, está de acordo com sua história de vida, desenvolveu um sentimento de autoestima forte, um sentimento de sua dignidade singular.

As observações de Erikson têm também para nós cristãos uma importância permanente. Na educação religiosa a confiança no Deus confiável também tem de tornar-se o fundamento de tudo que se fale sobre Deus. Se Deus, porém, for transmitido como aquele que vigia e observa constantemente em lugar da confiança básica, o sentimento fundamental da criança será de medo básico. A criança se sentirá controlada em tudo, limitada, observada e julgada. Porém não basta falarmos apenas do Deus da confiança. Através de nossa expressão que desperta confiança, Deus tem de tornar-se apreensível como o fundamento último de toda a confiança. As ideias de Erikson poderiam se transformar em um critério para se falar corretamente de Deus e dos homens. Quando exigimos de uma criança acima de tudo que ela seja obediente e cumpra os mandamentos de Deus e nossas ordens, nós a educaremos a ser uma pessoa conformada e entediada. A imagem do homem, assim como Deus a quer, é moldada por individualidade e generalidade, por totalidade e fertilidade. O homem, que descobriu a unidade interior de sua vida, que exala vitalidade, que tem sempre novas ideias, que tem alguma coisa ao redor de si, que também tem importância para os outros, corresponde à vontade de Deus.

Singularidade e individualidade

Quando se fala em sentimento de autoestima não se trata apenas de confiar em si mesmo, no mundo e em Deus, mas antes de descobrir a própria singularidade. Toda pessoa representa uma imagem única, que Deus criou somente para ela. Tomás de Aquino diz que cada um de nós expressa Deus neste mundo de uma forma singular. O mundo seria muito pobre se cada um de nós em sua maneira singular não fosse a expressão de Deus. Romano Guardini relata em suas memórias que Deus diz a cada um dos homens uma palavra original, que é individual e vale somente para cada um deles. Toda pessoa é a palavra de Deus que se tornou carne. E nossa tarefa consiste em fazer com que esta palavra singular seja audível em nossa vida. O sentimento de autoestima significa o sentimento desta imagem singular de Deus que eu sou, da palavra individual, que Deus soprou apenas em meus ouvidos. Pode então até mesmo ser que eu não aja totalmente de forma autoconfiante e autossegura. Porém eu sinto o mistério de minha existência singular. Eu deixo de me comparar com os outros para evidenciar meus pontos fortes. Minha singularidade não depende de todas as qualidades que eu poderia enaltecer. Ela existe porque eu fui moldado por Deus. O salmista exprimiu assim esta descoberta feliz: "Tu criastes meu íntimo, teceste-me no ventre de minha mãe. Eu te agradeço por me terdes feito tão maravilhosamente" (Sl 139,13).

A importância do sentimento da própria individualidade para o surgimento de um bom sentimento de autoestima já havia sido descrita anteriormente por John Bradshaw. Uma criança desenvolve um sentimento de autoestima forte se é respeitada pelos pais em sua individualidade, se seus sentimentos são respeitados, se pode ser diante dos pais do jeito que ela é. Se isto não ocorre, a criança então reage com desconfiança, ela se sente ferida em seu interior e precisa se fechar. Na individualidade da criança está a sua semelhança com Deus, que se manifestou como EU SOU. Para Bradshaw, o desrespeito dos sentimentos individuais de uma criança, com seu valor especial, é uma ferida espiritual. Esta ferida é responsável "se nos tornamos crianças adultas dependentes e envergonhadas. A história da decadência de um homem e de uma mulher fala de uma criança maravilhosa, importante e preciosa, que perdeu seu sentimento de ser quem ela é"[3].

Os jovens, que sofrem de baixo sentimento de autoestima, sempre me contam que os pais não respeitaram sua individualidade. Eles não se esforçaram em se colocar em seu lugar. Eles os julgaram segundo seus próprios parâmetros. Quando a criança queria experimentar algo novo, ouvia: "Você ainda é muito pequena para isso. Você não consegue. Você é muito burra. Você não vai entender nunca". Este tipo de mensagens negativas sufoca qualquer sentimento de autoestima. A criança recebe a mensagem dos pais e a internaliza. Ela tem a impressão de que não serve para nada, de que seria muito vagarosa, de que os outros podem fazer melhor, etc. Desta forma, nenhum sentimento da própria singularidade pode se desenvolver. O julgamento dos pais deprecia de uma forma tão radical o filho, que no máximo este se sente singular em sentido negativo. Julga-se então como um lixo, como um grande idiota, como a pior de todas as pessoas. Se não for pela

---

3. BRADSHAW, J. *Das Kind in uns.* Munique, 1992, p. 66.

individualidade, que Deus me deu, então pelo menos eu tenho de me julgar único em minha inferioridade.

O panela cheia

Virginia Satir, uma psicoterapeuta familiar americana, traz em seu livro *Autoestima e comunicação* uma bela ilustração para o sentimento de autoestima[4]. A autora toma a grande panela de ferro, que existe em sua fazenda e que, dependendo da estação do ano, está cheia de sabão cozido ou adubo, como imagem para o sentimento de autoestima. Se alguém diz: "Hoje há muita coisa na minha panela", todos sabem que este alguém agora está cheio de energia e de sentimento de autoestima. "Deixe-me em paz, minha panela está furada", diz aos outros, que eu hoje não estou bem. Em nossa *Recollectiohaus* os hóspedes, que permanecem conosco durante três meses, para descobrir a sua fonte interior, com o acompanhamento terapêutico e espiritual, aceitaram rapidamente a imagem da panela. Um deles gritou para o outro que a sua panela hoje estaria supercheia. Ou falaram sobre si mesmos usando a imagem da panela. De um deles foi dito que teria hoje um balde furado como panela; de um outro, que teria uma panela que parecia um misturador de concreto. Os hóspedes puderam se expressar, através da imagem da panela, como se sentiam no momento.

O sentimento de autoestima não é inato. Ele é aprendido na família. O sentimento de aceitação e de estima que a criança desenvolve depende das mensagens que recebe de seus pais. A criança percebe a expressão no rosto dos pais e reconhece se os pais a respeitam ou não, se eles estão convencidos de

---

4. SATIR, V. *Selbstwert und Kommunikation*. Munique, 1993.

seu valor ou não. Para que um bom sentimento de autoestima possa surgir, a criança necessita de uma atmosfera de sinceridade. A gente fala com sinceridade uns com os outros e aceita, quando alguém comete um erro. A comunicação dissimulada, na qual não fica claro como nos situamos, muitas vezes é motivo para um sentimento de autoestima deficiente.

No entanto, nunca é tarde demais para aprender e fortalecer o sentimento de autoestima. Nós sempre podemos substituir a comunicação deficitária por uma comunicação positiva e desta forma continuar a fazer novas descobertas, que nos ajudarão a encher a panela vazia. Os hóspedes em nossa *Recollectiohaus* se ajudaram mutuamente, por meio de novas formas de conversar uns com os outros, a encher a panela. O nível da comunicação é visivelmente importante para o surgimento do sentimento de autoestima. Não é suficiente que uma família seja apenas religiosa se seus membros forem incapazes de falar uns com os outros. A devoção por si só não produz qualquer sentimento de autoestima. A comunicação humana bem-sucedida é também a condição necessária para que nos sintamos importantes diante dos outros e diante de Deus.

A aceitação da sombra

Um sentimento de autoestima saudável não precisa necessariamente basear-se em uma forma de apresentação segura. O importante é que possamos aceitar a nós mesmos. Uma vez, há alguns anos, dei um curso para psicólogos. Um deles contou-me, ao chegar, que estaria muito confuso porque dirigir o deixava muito cansado. Até então eu pensava que os psicólogos se distinguissem acima de tudo através de uma grande autossegurança. Mas então eu entendi que apenas aquele que também pode se reconciliar com suas fraquezas e com seus lados sombrios possui um bom sentimento de autoestima. Aquele que pode admitir seus erros diante dos outros, aquele que gosta de si mesmo, mesmo quando se envergonha diante dos outros, tem na verdade um bom sentimento de autoestima. Ele pode aceitar-se a si mesmo, como ele é, também com seus lados pouco agradáveis.

Segundo C.G. Jung a aceitação da própria sombra também faz parte da aceitação de si mesmo. O ser humano vive sempre entre dois polos, entre o medo e a confiança, entre a razão e o sentimento, entre o amor e a agressão, entre a disciplina e a indisciplina. Algumas pessoas que se mostram exteriormente muito autoconscientes estão em contato apenas com um destes polos. É assim que uma pessoa racional argumenta com autossegurança, mas não pode demonstrar nenhum sentimento. Tão logo o discurso chega no nível dos sentimentos esta pessoa entra em pânico, ou se fecha. Ela não tem nenhuma autoestima verdadeira. Ela se sente apenas unilateral. Aquele que vivencia conscientemente apenas um dos polos desloca o outro para a sombra. A partir de lá este polo exercerá um efeito negativo. Assim, o sentimento negativo se expressa nesta pessoa como sentimentalismo. Ou a indisciplina reprimida conduz à perda total do controle em uma das esferas de sua vida. A sombra também pode se manifestar em reações de suscetibilidade tão logo alguém mencione os próprios pontos fracos. Nesse caso então alguém que se apresenta exteriormente de forma autossegura fica fora de si de um momento para o outro. A autossegurança que exibe desmorona de súbito. Aquele que, ao contrário, aceitou sua sombra, pode reagir com serenidade quando faz uma má figura diante dos outros ou quando se torna alvo de críticas. Ele conhece a si mesmo, ele se reconciliou com seus pontos altos e baixos.

Desta forma ele já não se surpreende mais com o que dizem a seu respeito. Isso já não pode impressioná-lo tão facilmente, porque a base que o sustenta tem dois pilares, dois polos que ele permitiu coexistirem em seu interior.

Para C.G. Jung, o caminho para um sentimento de autoestima saudável percorre a aceitação da sombra, a integração da *anima* e do *animus* e a aceitação da imagem de Deus, que se expressa na alma humana em imagens e em símbolos. Jung fala do *si-mesmo* e não do *eu*. O *si-mesmo* é algo diferente do *eu*. O *eu* é apenas consciente. Ele é o núcleo consciente, a partir do qual eu tomo decisões. Ele se mostra claramente ao exterior quando eu digo: "Eu agora quero isto. Eu agora me decido desta forma. Eu vou lá agora. Eu não tenho vontade". O *eu* deseja impor-se. Nós nos agarramos muitas vezes ao *eu*. Para alcançar o *si-mesmo*, eu tenho de me soltar do pequeno *eu*. Eu tenho de descer até minhas profundezas para descobrir o verdadeiro núcleo pessoal. No entanto, muitas vezes não é fácil para o ser humano "descer de sua altura e também permanecer embaixo. Se temos de admitir a nós mesmos nossos próprios pontos fracos, tememos em primeiro lugar o prejuízo do prestígio social, e, em segundo, a perda da autoconsciência moral"[5]. Primeiro temos de descer à própria profundeza antes de descobrirmos lá a imagem de Deus, que já se encontra no fundo de nossa alma. Somente aquele que aceita em si próprio as imagens de Deus pode encontrar a si mesmo. E somente aquele que encontrou o seu núcleo interior, seu verdadeiro *si-mesmo*, tem um sentimento de autoestima real.

Aquele que está em contato com seu *si-mesmo* não depende da opinião dos outros. Ele encontrou a si mesmo, a sua própria dignidade. E ele será capaz de permanecer consigo

---

5. JUNG, C.G. *Gesammelte Werke*. Vol. 10. 1974, p. 387.

mesmo, de sustentar isso para si mesmo. A viagem ao nosso próprio íntimo é tão fascinante, que já não consideramos mais como importantes os elogios e as críticas vindas do exterior. Jung diz isto em uma carta enviada a um destinatário alemão desta maneira: "O valor de uma pessoa não se expressa em primeira linha jamais na relação com as outras pessoas, mas sim em existir em si mesmo. Por este motivo também não devemos jamais fazer nosso sentimento de autoestima ou nossa autoconsideração dependerem do comportamento de uma outra pessoa, não importa o quanto possamos também ser afetados por isto"[6]. Tornar-se si mesmo significa chegar ao verdadeiro *si-mesmo* e com isto tornar-se independente do julgamento das outras pessoas.

Para Jung a reconciliação com a própria história de vida também faz parte do sentimento de autoestima. Afinal não há sentido em revolver continuamente o próprio passado e encontrar lá os motivos para um sentimento de autoestima deficitário. Algum dia cada um terá de aceitar a responsabilidade por sua vida. Terá de aceitar seu passado como o material que está preparado para dar forma. Podemos entalhar uma bela escultura na madeira, esculpir na pedra alguma coisa digna de admiração e modelar com argila algo valioso. Mas precisamos trabalhar a madeira como madeira, a pedra como pedra. Senão não poderemos formar qualquer escultura a partir destes materiais. Nosso passado é o material que temos à disposição. Podemos moldar com nosso passado, imediatamente, uma bela escultura, não importa se ele for madeira, pedra ou argila. Porém, nós precisamos nos envolver com o material. Nós temos de nos reconciliar com nossa história de vida. Assim, nossa história de vida pode tornar-se valiosa para

---

6. JUNG, C.G. *Briefe I*. Olten, 1972, 198 p.

nós. Eu digo várias vezes às pessoas que eu acompanho: "Sua história é o seu capital. Se você se reconciliar com o seu caminho de vida, então neste momento ele poderá, mesmo com seus percursos difíceis, trazer frutos para muitos".

Quando eu assumo a responsabilidade pela minha vida, paro de buscar nos outros a culpa pelo meu infortúnio. A responsabilidade abrirá meus olhos para as possibilidades que apenas eu possuo, para a imagem individual, que Deus fez somente para mim. Para que isso aconteça, eu tenho, no entanto, de dar adeus aos ideais por demais elevados, com os quais eu talvez me identifique. Pois não se trata de tornar-se perfeito e jamais cometer algum erro, mas sim de tornar-se inteiro, em unicidade consigo mesmo, com todas as contradições que existem em mim. Para C.G. Jung, possuir um sentimento de autoestima saudável significa ter uma intuição para a claridade e para a escuridão que há em mim, para os altos e os baixos, para o bem e para o mal, para o divino e para o humano. O sentimento de autoestima consiste na intuição de que Deus quer nascer em mim de uma forma única. O *si-mesmo* é finalmente a imagem de Deus em mim, a imagem singular, que Deus fez somente de mim.

O si-mesmo espiritual

Mesmo para C.G. Jung o *si-mesmo* é mais do que o resultado de nossa história de vida. Só descobrimos quem somos na realidade, diz hoje a Psicologia Transpessoal, quando abandonamos nossas inúmeras identificações. Nós nos identificamos muitas vezes com as opiniões de nossos pais, nós nos definimos a partir do sucesso e do desempenho, do reconhecimento e da confirmação, da atenção e dos relacionamentos. Enquanto nós nos identificarmos com nossos sentimentos e necessidades, com nossa doença ou nossa saúde, seremos dependentes desta identificação e nos tornaremos cegos para a realidade verdadeira do *si-mesmo* autêntico. Nós precisamos abandonar a identificação com as pessoas, com os papéis que desempenhamos, com nosso trabalho e desempenho, para descobrirmos quem somos na verdade. Nós temos de nos desidentificar para encontrarmos nosso *si-mesmo* espiritual.

A Psicologia Transpessoal desenvolveu o exercício da desidentificação. Neste exercício observam-se os próprios pensamentos, sentimentos, paixões e dizemos para nós mesmos: "Eu sinto minha raiva, eu a observo. Mas eu não sou idêntico a minha raiva. Eu não sou a minha raiva. Em mim existe um ponto, de onde eu posso observar a minha raiva, que não pode ser mais determinado pela raiva. O *si-mesmo* é a testemunha que não foi vista". Roberto Assagioli, um psiquiatra italiano, desenvolveu o seguinte exercício de desidentificação. Primeiro, devemos sentir o próprio corpo e fazer-nos conscientes de que ele é mutável. A partir do corpo devemos retornar ao *si-mesmo* espiritual, ao centro da consciência pura, que observa o corpo mutável, mas que permanece ela mesma, constante e imutável. Isso distingue a nossa verdadeira identidade. Este *si-mesmo* espiritual também é chamado por Assagioli "um centro de autoconfiança e autorrealização puras"[7].

Nós somos então mais do que o *eu*, que deseja se afirmar, que se apresenta seguro e autoconsciente. O *si-mesmo* espiritual é a pátria interior, o lugar onde estamos totalmente conosco, o lugar em que descobrimos que nosso verdadeiro *si-mesmo* foi formado por Deus. É a imagem única e inconfundível que Deus fez de nós. Então não se trata apenas de se

---

7. ASSAGIOLI, R. *Psychosynthese* – Prinzipien, Methoden und Techniken. Zurique, 1988, p. 139.

apresentar com autossegurança e autoconfiança. Nós somos mais do que aquilo que vivenciamos externamente quer nos sintamos seguros ou inseguros, quer aparentemos sermos fortes ou fracos. Por este motivo, nossa tarefa consiste em abandonar a própria autoavaliação. A maneira como eu me autoavalio, se me julgo melhor ou pior do que os outros, não é importante. Eu não descubro o meu *si-mesmo* ao contemplar a minha infância e ao analisar os medos que repousam em minha falta de autoconfiança. O importante é que eu descubra o segredo do meu *si-mesmo* verdadeiro. Para Bugental, psicólogo transpessoal, o problema é que nós procuramos sempre o nosso *si-mesmo* no exterior, nas confirmações externas, nos sucessos externos, na segurança externa. Porém, nós só podemos encontrá-lo no íntimo, no mundo interior de nossa alma, em nossa verdadeira pátria: "Nossa pátria situa-se em nosso íntimo. E lá nós somos soberanos. Enquanto não redescobrirmos esta verdade antiga, e isso cada um por si e da sua maneira, estaremos condenados a nos enganarmos e a procurar consolo onde não existe nenhum – no mundo exterior"[8]. Portanto, é muito pouco desenvolver uma autoconsciência exteriormente forte, se apresentar bem, tolerar críticas e lidar bem com as resistências. Podemos então até parecer exteriormente autosseguros e autoconfiantes. Mas não descobrimos nosso verdadeiro *si-mesmo*. Assim, esta autoconsciência é feita de areia. Pois nós não estamos realmente em contato com nosso verdadeiro *si-mesmo*.

Meu verdadeiro *si-mesmo* é mais do que a minha história de vida, mais do que o resultado de minha educação e do trabalho que realizei em mim mesmo. É alguma coisa que vem

---

[8]. BUGENTAL, J. Stufen therapeutischer Entwicklung. In: WALSH, R.N. & VAUGHAN, F. *Psychologie in der Wende*. Munique, 1985, p. 217.

diretamente de Deus, um mistério, porque o próprio Deus se expressa nele de forma singular. É a imagem original que Deus fez de mim. É a palavra extraordinária de Deus, que em mim quer se transformar em carne. É a palavra extraordinária de Deus, sobre a qual Romano Guardini diz que se refere somente e apenas àquela pessoa. A palavra que através de nós deve ser ouvida no mundo. O *si-mesmo* espiritual é esta palavra de Deus extraordinária e inconfundível, que quer tornar-se visível e audível em mim.

Existem muitas ilustrações para o sentimento de autoestima, ilustrações como as que foram desenvolvidas por diversos psicólogos. Mas nós poderíamos também examinar as ilustrações do sentimento de autoestima saudável que a Bíblia escolhe. Lá está a ilustração da árvore, que surge da pequena e modesta semente de mostarda (Mt 13,31). A árvore cresce para o alto, ela enterra profundamente suas raízes no solo. É a ilustração de uma pessoa que está consigo mesma, que não se deixa derrubar facilmente. De uma pessoa que está firmemente fundamentada em Deus. Então alguém pode encostar-se nesta árvore, procurar proteção em sua sombra. Lá está também a ilustração do tesouro no campo (Mt 13,44). O tesouro precioso representa nosso *si-mesmo*. Ele está no meio da lavoura, no meio da lama. Nós precisamos escavar a terra, para encontrar nosso *si-mesmo*. Lá está ainda a ilustração da pérola valiosa (Mt 13,45). A pérola cresce na ferida da ostra. No meio de nossas feridas podemos encontrar nosso *si-mesmo*, a imagem que Deus fez de nós. A ferida fragmenta todas as imagens que nós entronizamos e com as quais encobrimos nosso verdadeiro *si-mesmo*.

Com estas ilustrações a Bíblia quer nos mostrar quem somos de fato, que nosso *si-mesmo* é um mistério, no qual Deus se mostra, no qual possuímos nossa parcela divina. E ela quer nos mostrar que somos mais do que nossa história de vida, mais do que o passado que nos cunhou. Isto fica claro, por exemplo, na imagem do toco de árvore, do qual cresce um pé de arroz. Da árvore abatida, arrancada, ferida, quebrada brota um novo arroz. O *si-mesmo* não é algo que possamos segurar. Ele se torna então visível no momento em que alguma coisa em nossa vida é abatida e cortada. É esta a mensagem consoladora da Bíblia; a de que este *si-mesmo* pode surgir dos cacos de nossa vida, que ele desabrocha exatamente ali, onde tudo parece infrutífero, e se torna uma bênção para outro (cf. Is 11,1). Esta ilustração consoladora demonstra que nosso *si-mesmo* não se confunde com sucesso e segurança exteriores, mas sim que em meio ao fracasso, em meio às lesões e aos ferimentos se descobre um *si-mesmo* que foi modelado por Deus, que sobrevive a toda devastação e destruição exterior, porque vem da mão de Deus.

Capítulo II
Ilustrações do sentimento de autoestima deficiente

A assistência religiosa é sempre procurada por um número cada vez maior de pessoas com sentimento de autoestima deficiente. Com frequência, aqueles que buscam conselhos explicam seus problemas dizendo que nunca tiveram mesmo nenhuma autoconfiança, que possuem um baixo sentimento de autoestima. Algumas vezes eu tenho a impressão de que as pessoas estão felizes por terem encontrado a razão para seus problemas no baixo sentimento de autoestima. Porém, a pergunta é: como é possível alcançar um sentimento de autoestima melhor, como podemos trabalhar, em nós mesmos, para nos tornar mais seguros. Eu gostaria de descrever algumas ilustrações desta fraqueza de autoconfiança, já que as ilustrações muitas vezes dizem mais do que teorias e modelos psicológicos. Eu quero mais uma vez me limitar às imagens bíblicas.

O baixo

Ao falar sobre colegas de trabalho ou de amigos, ouvimos muitas vezes a explicação de que o outro seria tão estranho, porque teria complexo de inferioridade. Qualquer psicólogo leigo conhece este conceito, que foi difundido por Alfred

Adler, criador da corrente psicológica conhecida como Psicologia Individual[9]. Muitas vezes, compensamos os complexos de inferioridade chamando a atenção de um modo especial. Em algumas pessoas o sentimento de inferioridade se esconde em um comportamento arrogante. Construímos uma fachada de autossegurança, andamos de nariz para o alto e olhamos os outros de cima. Muitas vezes isto é um sinal de que por detrás da fachada não há nenhuma construção notável, mas sim um casebre medíocre. No entanto, gostaríamos de esconder o casebre atrás de sua fachada arrogante. Outras pessoas compensam os sentimentos de inferioridade vangloriando-se de seu dinheiro ou de suas capacidades.

A história de Zaqueu é uma história típica de complexo de inferioridade e da tentativa de compensá-lo (Lc 19,1-10). Zaqueu, o chefe dos publicanos, era de estatura pequena. Esta é uma boa ilustração para uma pessoa que se sente pequena e que por este motivo precisa fazer-se de grande. Zaqueu procura compensar seus sentimentos de inferioridade tentando ganhar a maior quantidade de dinheiro possível. Como chefe dos arrecadadores de impostos, ele recolhia dinheiro sem piedade. Se ele fosse o homem mais rico, assim pensava, então seria finalmente respeitado e estimado por todos. Porém o que ocorre é justamente o contrário. Quanto mais ele procura compensar sua inferioridade por meio do dinheiro, mais é rejeitado por todos. Ele é excluído pelos devotos por ser pecador. Ele acaba caindo no círculo vicioso, que é típico de muitas pessoas que possuem "baixa estatura". Compensa-se a inferioridade chamando a atenção para si mesmo, tenta-se se tornar o melhor da classe ou acumular mais riquezas. A pessoa gostaria de ter, então, algum valor para os outros e exagera

---

9. ADLER, A. *Der Sinn des Lebens*. Frankfurt, 1980.

na descrição de suas capacidades e vivências. Porém, quanto mais esta pessoa exibe seu valor e seu gênio, mais é rejeitada. Nós também reagimos na maioria das vezes de maneira semelhante, quando alguém em nossa comunidade, em nosso trabalho, em nossa família sempre se vangloria. Contra a nossa vontade cresce dentro de nós um sentimento de rejeição. O lema "Quem se vangloria tem mais da vida", não é verdade. Quem se vangloria, quem compensa sua inferioridade, é rejeitado e com isso tem menos da vida.

Jesus curou o fraco sentimento de autoestima de Zaqueu ao olhá-lo simplesmente e ao convidar-se para comer em sua casa. Jesus não o julga, não lhe faz nenhuma repreensão, mas aceita-o sem reservas. Esta experiência de ter sido aceito sem restrições ou condições transforma o rico e avarento cobrador de impostos. Agora ele faz mais do que os devotos que o julgaram. Agora ele dá a metade de seu patrimônio aos pobres. Agora ele não precisa mais realçar a própria grandeza. Agora ele procura a companhia das pessoas, divide com elas sua riqueza e sua vida. Assim ele se sente como um homem entre os homens. Sim, em sua casa se reuniram todos os cobradores de impostos e pecadores e comeram com Jesus, que lhes demonstrou a misericórdia e a amabilidade de Deus.

Para Alfred Adler a cura do sentimento de inferioridade se dá apenas através do sentimento de coletividade. Isto é visto por Lucas da mesma maneira em sua história de Zaqueu. O que conduz a um sentimento de autoestima melhor não é orbitar em torno de si mesmo, nem buscar o reconhecimento ou a valorização, mas sim a disposição de envolver-se com outra pessoa, dividir com ela sua vida. Na convivência feliz com o outro eu me vejo como valioso, me vejo aceito como membro da comunidade dos homens.

O paralítico

Jesus cura um paralítico, que quatro pessoas através do teto da casa baixaram diretamente a seus pés (Mc 2,1-12). Jesus percebe que a paralisia não é apenas exterior, mas sim que é determinada por uma postura interior. Por este motivo, ele primeiro perdoa-lhe os pecados. Antes de poder erguer também seu corpo, o paralítico precisa primeiro modificar sua postura interior. As pessoas que sofrem de um sentimento de autoestima deficitário se sentem muitas vezes paralisadas. Elas se sentem bloqueadas na presença de certas pessoas. Elas não conseguem fazer nada. Elas não se atrevem a expressar a própria opinião. Elas concedem aos outros tanto poder que em sua presença se enchem de inibição. Ou então estas pessoas não têm coragem de dizer algo em um grupo. Elas têm medo de que aquilo que disserem não seja bom, de que os outros possam rir disso. O paralítico não está consigo mesmo. Ele observa constantemente as reações dos outros, o que poderiam pensar, que efeito ele causa sobre os outros. Muitas vezes estas pessoas imaginam o que os outros pensam a respeito delas, que riem e que falam mal delas. Elas relacionam imediatamente a si mesmas tudo que veem nas outras pessoas. Isto as paralisa.

Uma mulher chega à igreja e se sente observada por todos. De preferência ela gostaria de sair correndo, para fugir dos olhares. Na verdade, os outros não olham absolutamente para ela. Pensar que os outros a observam constantemente, que falam dela, é um fenômeno bastante comum entre as pessoas que não possuem autoconfiança. Uma pessoa pega o metrô e acredita que os jovens ao lado fazem piadas sobre ela. Na verdade, os jovens têm muito do que rir entre si. Aquele que não está em si mesmo relaciona tudo a si próprio. Os outros falam a meu respeito, eles me observam, eles veem o quanto sou inseguro. Eles refletem a meu respeito, eles me perseguem. Eu mesmo vivenciei isto, quando depois da ordenação como padre e de meu doutorado em Teologia comecei novamente a estudar Administração. Naquele momento eu estava totalmente inseguro em minha função, e pessoalmente também não estava bem. Então era sempre muito desagradável para mim pegar o bonde para ir à universidade. Eu costumava pensar que os outros me olhavam fixamente. Eu não estava comigo mesmo. A única saída era me aprofundar em minha leitura, para desta maneira desviar minha atenção dos outros. A mim não ajudava em nada me convencer de que eles não me observavam. Ao contrário, eu tive de dizer a mim mesmo: "E se eles me observam, então isto é problema deles. Eu sou eu". Aos poucos isto me ajudou a tornar-me independente dos outros.

Uma outra mulher sente-se constantemente controlada por seu marido. É esta a forma sob a qual seu sentimento de pouca autoestima se expressa. Quando lhe perguntei se o seu marido queria controlá-la realmente, ou se ela apenas imaginava isto, ela teve de admitir que entendia como controle ou como crítica qualquer pergunta que seu marido lhe fizesse. Como não possui nenhuma autoconfiança, ela vivencia como rejeição qualquer palavra que seu marido diga. Então ela se sente paralisada. Ela tem a impressão de que seu marido não a respeita. Na verdade ela própria não se respeita. Ela não se julga capaz de nada. Ela sofre porque as pessoas não a respeitam. Mas, na verdade, os outros a estimam muito. Apenas porque ela não aprecia a si mesma, tem a impressão de que os outros não lhe dão valor. Como ela não se dá importância, sente que os outros também não lhe dão. Quando os dois membros de um casal possuem pouca autoestima, na maioria das vezes não conseguem discutir de forma objetiva. Cada um se sente atacado através dos comentários do outro e tem logo de defender-se e de justificar-se. A qualquer pequena crítica é como se lhes tivessem puxado o tapete e assim precisam se autoafirmar de forma obstinada. Cada um tem medo de perder e por este motivo tem de ferir constantemente o outro. Desta forma se origina um problema sem solução, uma eterna batalha de trincheiras, muito embora o casal ainda se ame como antes.

Jesus curou o paralítico simplesmente ao ordenar-lhe: "levanta-te, toma o teu leito, e vá para casa!" (Mc 2,11). Com esta ordem ele impede que o paralítico orbite em torno de si mesmo, que pense se poderia caminhar corretamente e aceitar-se a si mesmo. Todas estas ponderações apenas o impedem de ficar de pé. Uma vez, quando dei um curso sobre Grafologia para psicólogos, estes se entusiasmaram com o uso da confrontação no método terapêutico empregado por Jesus. Um deles disse que a principal tarefa da psicologia seria reconhecidamente a compreensão do outro. Mas, ele sentia que apenas compreender seria muito pouco. Ele sentia falta do método confrontador de Jesus. Por meio da confrontação, Jesus faz com que o doente perca suas ilusões. Ele não lhe deixa nenhuma outra saída a não ser a de enfrentar a própria realidade. Ele não pode mais enganar a si mesmo. Agora não lhe resta nada mais a não ser levantar-se. A cama, como símbolo de sua doença, ele tem de colocar embaixo do braço e carregá-la. Nós todos gostaríamos muito de nos livrarmos de nossas inibições e inseguranças. Nós nos aborrecemos com nossas paralisias e gostaríamos muito de ficar de pé. Porém nós só levantamos se também estivermos seguros de que os outros não percebem mais nossas fraquezas e inibições. Jesus, porém, nos incita a aceitar nossas inibições e ao mesmo tempo a colocá-las embaixo do braço, a lidar com elas de modo brincalhão, em vez de nos deixar paralisar por elas. A cama que carregamos embaixo do braço lembra a nós mesmos e aos outros que nós ainda somos inseguros e paralisados. Porém, nós não nos deixamos mais prender à cama. Nós a aceitamos e a carregamos conosco, sem nos deixar determinar por ela.

O comparador

No capítulo 5 do Evangelho de João o doente vê no fato de ter ficado para trás a causa de sua doença. Os outros são mais rápidos. Eles têm alguém que os carrega para o tanque assim que a água é agitada. A comparação muitas vezes expressa uma autoestima precária. Quem se compara constantemente com os outros não tem nenhuma intuição sobre si mesmo, sobre seu próprio valor, sobre sua vida. Ele se define apenas em comparação com os outros. E nesta comparação ele sempre está em desvantagem. Sempre existirão pessoas que são mais rápidas do que eu, que são mais talentosas, que são mais estimadas, que têm melhor aparência. Enquanto eu me comparo com os outros, não serei eu mesmo. Eu não me sentirei.

Uma mulher gosta de frequentar o círculo de senhoras. Mas muitas vezes ela não se sente bem lá. Ela se compara com as outras. As outras fizeram cursos universitários, ela não. As outras podem falar melhor do que ela. O que elas pensarão ao ouvi-la falar de forma tão acanhada? Durante as conversas ela fica a imaginar o que as outras podem fazer melhor do que ela, em que pontos ela está em desvantagem. Jesus cura o comparador ao proibir-lhe de ficar a cismar sua desvantagem. Ele o olha com seriedade e com isto lhe concede respeito. Ele percebe o seu estado e lhe pergunta: "Você quer se curar?" (Jo 5,6). Ele o confronta consigo mesmo, com a sua vontade própria. Em vez de comparar-se com os outros, ele deve perguntar a si mesmo o que ele quer afinal na sua vida. Jesus impede o comparador de usar qualquer pretexto. Não importa o que os outros digam ou façam, sua constituição, se são melhores ou mais rápidos. O que importa é apenas aquilo que faço com minha vida, se eu assumo a responsabilidade por mim mesmo. Quando o doente com sua comparação quis esquivar-se da pergunta de Jesus, Ele o ordena, da mesma forma que na história anterior: "Levanta, toma o teu leito e anda!" (Jo 5,8). Você pode levantar-se, você pode caminhar. Deixa de comparar, abandona a lamentação, para de chorar! Levanta-te, fique de pé, erga-te! Você pode andar. Você consegue.

O medroso

A Parábola dos Talentos também trata da comparação. Nela o terceiro servo tem a sensação de que estaria em desvantagem em relação aos outros. Porém, nesta história é descrito ainda um outro aspecto do sentimento de autoestima deficitário: o medo. O terceiro servo desculpa-se com o amo, por ter enterrado o seu talento: "Amo, eu sabia que o senhor é um homem severo; que colhes onde não semeastes e recolhes onde não joeirastes; porque tive medo, escondi teu dinheiro na terra. Aqui o tens de volta" (Mt 25,24). O medo que o servo sente do amo é o motivo que o leva a enterrar seu talento, a deixar sua vida passar. Ele teve medo de que lhe faltasse alguma coisa ao prestar contas, de que poderia perder algo ao especular. O medo o levou a se assegurar. O servo queria a todo custo evitar um erro; não queria correr riscos. E o medo o induziu a controlar a si mesmo e a sua vida. Ele enterra o talento para controlar isto. Porém, existe uma lei fundamental da vida que diz: aquele que quer controlar tudo, algum dia perderá o controle sobre sua vida. Uma vida feita de medo acabará se transformando em motivo de pranto. O terceiro servo tem medo de Deus. Muitas pessoas são feridas em seu sentimento de autoestima porque foram levadas a acreditar em um Deus que lhes inspira medo. A autoimagem é fortemente dependente da imagem de Deus. A imagem de Deus é a imagem arquetípica mais forte que existe em nosso interior. Esta imagem exerce um grande efeito sobre nossa vivência de nós mesmos e nossa autoimagem. Aquele que quando criança ao pensar em Deus logo sente medo, porque o Deus que lhe foi transmitido produz medo, precisa enterrar-se, ele precisa tentar controlar tudo. Sua autoimagem torna-se desastrosa. Ele não tem apenas medo de Deus, mas acima de tudo daquilo que o ameaça. Ele tem medo da morte, medo do fracasso, medo de fazer má figura diante dos outros. Com a Parábola dos Talentos Jesus quer nos mostrar esta verdade: não há chance alguma para a pessoa que possui uma imagem de Deus que produza medo. Dela tudo será tomado. Mesmo aquilo que ela tem, ainda lhe será tomado (Mt 25,29). Ao descrever a consequência do medo, Jesus quer nos convidar a trilhar o caminho da confiança, a ousarmos viver nossa vida, a corrermos riscos. Não se trata aqui de aumentar nossos talentos, mas sim de nos atrevermos a viver.

 Quando alguém na infância descobriu Deus como se este fosse um contador ou um déspota, quando o vê como um juiz severo e punitivo, então não poderá desenvolver nenhuma capacidade para intuir o próprio valor. Diante do Deus contador, que anota tudo que eu faço, não tenho nenhuma chance de vivenciar a mim mesmo como alguém que tem valor. Eu me sinto julgado e condenado o tempo todo. Muitos homens e mulheres foram apresentados em sua infância a um Deus que não lhes permite que tenham alegria de viver, que os oprime e humilha, que os condena em vez de confortá-los. Uma imagem cruel de Deus sempre conduz a uma autoimagem desastrosa. A imagem do Deus punitivo é muitas vezes interiorizada na forma de uma consciência cruel, que tortura a si mesma, que pune a si mesma e sempre se desvaloriza e menospreza. A imagem de Deus interiorizada exercita sua força destrutiva na consciência cruel, sem que possamos lutar contra ela. O medo de Deus conduz ao medo de si próprio, dos abismos da própria alma. Nós não temos coragem de olhar para dentro de nós mesmos e, acima de tudo, de aceitar o que trazemos dentro de nós.

Os ferimentos causados pela imagem de Deus são claramente diferentes nos homens e nas mulheres. Os homens são prejudicados em seu sentimento de autoestima por um Deus que só recompensa os humildes. Diante do qual somos apenas recebedores, mas não podemos ser coautores; diante do qual sempre podemos nos sentir apenas como pecadores, porque nossos pontos fortes foram diminuídos desde cedo. Muitas mulheres são feridas através de uma imagem masculina unilateral de Deus e através de uma teologia puramente racional, que inconsciente ao sentimento também menospreza as mulheres. Nos círculos católicos as mulheres muitas vezes vivenciam a exclusão do sacerdócio como uma desvalorização. Nos círculos pietistas algumas vezes as mulheres têm a impressão de que renegam sua feminilidade e de que só podem se apresentar como seres assexuados. Em um ambiente deste tipo, uma mulher tem dificuldade de vivenciar a si mesma como digna de valor e de desenvolver um sentimento de autoestima saudável.

O corcunda

O pior de tudo é que a religiosidade desvalorizou o homem com um falso conceito de humildade. É assim que muitas pessoas entendem humildade como autodiminuição, autodesvalorização e autodestruição. Nós não podemos nos orgulhar das qualidades que Deus nos deu. Até mesmo o orgulho justificado daquilo que trazemos dentro de nós é renegado como soberba diante de Deus. Quando Jesus diz: "Aquele que se humilhar será exaltado" (Lc 14,11), isto tem então o sentido de que aquele que tem a coragem de descer à própria realidade, à escuridão de sua alma, se elevará até Deus. Aquele que tem coragem de aceitar sua origem terrena (*humilitas* = humildade, vem de húmus, terra), compreende também quem é Deus, chega mais perto de Deus. Neste sentido a humildade é alguma coisa bem moderna. Ela designa a coragem de descer à própria realidade, à sombra de si mesmo e desta forma subir até Deus. Nós, porém, muitas vezes confundimos a humildade com uma postura curvada, na qual nós mesmos nos diminuímos e desvalorizamos, na qual não nos julgamos capazes de nada e em geral nos desculpamos por existirmos. Com este conceito mal-entendido de humildade adulteramos a mensagem de Jesus e levamos muitos cristãos a diminuir a si mesmos e a se desvalorizar, a suspeitar imediatamente como sendo orgulho toda a grandeza que há em nós mesmos e desta forma a renegar todo o esplendor de Deus que existe no homem.

Um falso conceito de humildade curvou o homem. Porém, Jesus não quer a humanidade curvada e torta, mas antes a humanidade ereta. Isto é demonstrado no Evangelho de Lucas na conhecida história da cura da mulher que tinha as costas curvadas (Lc 13,10-17). Esta história fala de uma mulher que estava doente há 18 anos. "Suas costas eram curvadas e ela não podia mais caminhar ereta" (Lc 13,11). As costas curvadas revelavam seu pouco sentimento de autoestima. Ela não pode colocar-se ereta diante da vida. Ela não pode aceitar sua dignidade. Ela foi esmagada pelo peso da vida. Talvez os outros a tenham pressionado de tal forma, que não lhe tenha sido possível fazer nada contra isso. Talvez alguém tenha quebrado sua coluna vertebral. Talvez ela tenha desterrado para as costas todos os seus sentimentos reprimidos. As costas não puderam mais suportar o peso dos sentimentos não permitidos. Jesus faz com que a mulher se erga, porque a olha, chama-a para junto de si e diz-lhe tudo de positivo que podia ver nela. E ele a toca carinhosamente. Ele não diz simplesmente: "Levante a cabeça", mas sim a toca para que ela mesma entre em contato com a força e a dignidade que traz em si mesma. Tocada pelo amor de Jesus, a mulher se ergueu imediatamente e louvou a Deus. Agora ela sente sua dignidade intocável como mulher e começa a louvar a Deus no meio da sinagoga. Jesus quer a humanidade erguida, enquanto o chefe da sinagoga, que também não tinha nenhuma postura, em vez de erguer-se, se esconde em normas rígidas, quer curvar as pessoas sob o jugo das leis.

Jesus curou as costas da mulher em um sábado, e foi na sinagoga, durante o serviço religioso. Com isto Ele demonstra como gostaria que o nosso serviço religioso fosse entendido. Nós não podemos celebrar o serviço religioso em seu nome se colocamos um peso sobre as pessoas, se lhes incutimos uma consciência pesada e as intimamos como pecadoras a curvar-se diante de Deus e a se diminuir. Para Jesus o serviço religioso é aquele em que as pessoas se erguem, aquele em que as pessoas descobrem sua dignidade divina e intocável.

A mensagem de Deus, aquele que nos oferece sua dignidade divina, faz com que as pessoas se ergam e com isto fortalece seu sentimento de autoestima.

Durante os cursos, algumas vezes eu emprego um exercício no qual nós primeiramente nos colocamos de pé, eretos, para desta forma sentir a ligação entre o céu e a terra. Então deixamos cair primeiro a cabeça e depois os ombros. Isto oprime e corta o fluxo de ar. Então caminhamos curvados pela sala. Vemos apenas o horizonte estreito e os próprios pés. O rosto se torna cada vez mais sombrio, o ânimo decai. Então eu reergo o primeiro enquanto lhe aliso suas costas. Quando eu massageio suas costas com minhas mãos durante algum tempo ele se ergue sozinho. Eu não o humilhei com o meu tratamento; pelo contrário, ao tocá-lo, ele mesmo entrou em contato com a própria força.

Para mim a cura da mulher alquebrada é uma ilustração da nossa Cristandade. Nós somos discípulos e discípulas de Cristo, quando sentimos nossa dignidade intocável. Nós acreditamos na ressurreição de Cristo, quando caminhamos eretos pelo mundo. Nós somos mais do que o nosso cotidiano com suas preocupações e dificuldades. Nós somos filhos e filhas de Deus. Na liturgia nós representamos repetidamente esta dignidade dos filhos de Deus, quando, por exemplo, em uma procissão caminhamos eretos ou louvamos a Deus com os braços abertos. Nós não adquirimos nossa autoestima por meio do desempenho, mas sim por meio da nossa dignidade, que nos foi oferecida por Deus. Jesus não nos queria ver primeiro como pecadores, mas sim como filhos e filhas de Deus, que possuem uma parcela da vida divina.

Por este motivo a constante gravitação em torno do pecado contradiz o espírito de Jesus. Em alguns círculos da Igreja a pessoa é primeiro arrasada totalmente, para que então se refugie na misericórdia de Deus. Qualquer sentimento de autoestima é visto com desconfiança. A pessoa precisa antes ser quebrada em seu sentimento de autoestima, para que então possa aceitar agradecida o perdão de Deus pelos seus pecados. É claro que de uma certa maneira somos todos pecadores diante de Deus. Mas a mensagem de Jesus que nos deixa felizes é que nós somos aceitos por Deus, que nós podemos ser o que somos, que somos aceitos incondicionalmente. Isto nos ergue. A Igreja Católica celebra a cura da mulher alquebrada em uma festa específica. É a Festa da Imaculada Conceição de Maria. Em Maria celebramos nossa própria redenção. Em nós, assim diz esta celebração, existe um espaço ao qual o pecado não tem nenhum acesso. Lá onde Cristo está em nós, somos excluídos do pecado, lá o pecado não tem nenhuma chance. Lá estamos em contato com o nosso verdadeiro *si-mesmo*, que não é contagiado pelo pecado. Esta festa celebra o que a Carta aos Efésios diz sobre todos nós: Em Cristo, Deus, o Pai, "nos escolheu antes da criação do mundo, para que possamos viver santificados e irrepreensíveis diante de Deus; por amor Ele nos destinou a sermos seus filhos através de Jesus Cristo e assim chegar até Ele, para louvar sua graça magnífica" (Ef 1,4-6).

Jesus não quer nos dizer em primeiro lugar que nós somos pecadores, mas sim que somos filhos e filhas de Deus, que Deus nos escolheu para isto, que Ele deseja morar em nós, que em nós reside a riqueza de sua graça, de seu amor, de sua ternura (cf. Jo 14,23; Ef 1,7). Os antigos cristãos sempre agradeceram a Deus por os ter erguido através da ressurreição de seu filho e por lhes ter oferecido uma dignidade divina. Não foi o cristão curvado e humilhado, mas antes o cristão erguido que compreendeu o que Jesus Cristo nos ofereceu através de sua humanização, de sua morte e de sua ressurreição.

O adaptado

Uma outra ilustração para o sentimento de autoestima deficiente é a cura do homem que tinha a mão atrofiada. Esta ilustração corresponde à pessoa que se adaptou, que não se atreve a mais nada. Com as mãos nós nos tocamos uns aos outros com carinho. Com as mãos nós seguramos alguma coisa, nós damos forma a alguma coisa, nós somos criativos. A mão do homem desta parábola (Mc 3,1-6) é atrofiada. Ele não se arrisca mais. Em muitos casos as pessoas que possuem pouco sentimento de autoestima não têm confiança, para dar sua própria opinião. Elas preferem se ajustar. Em um círculo de conversas elas observam primeiro qual é a opinião que impera. Então, defendem o mesmo ponto de vista. Elas não têm coragem de dizer não, quando alguém lhes pede alguma coisa. Desejam ser amadas por todos. Porém, como querem satisfazer a todos, permanecem sem brilho e acabam não encontrando ninguém que queira realmente ser seu amigo. De tanto querer dar razão, elas próprias perdem o direito à vida real.

O motivo deste comportamento ajustado é que eu concebo a minha autoestima apenas a partir da confirmação e da atenção dos outros. É preciso obter a aceitação através de outras pessoas. Quando criança eu nunca vivenciei a aceitação de mim mesmo e de minha vontade própria. Eu sempre era aceito somente sob a condição de ser bem comportado e de me ajustar. Assim, eu procuro me adaptar e me fazer amado pelos outros. Frielingsdorf diz: quem nunca experimentou a aceitação incondicional desenvolve estratégias de sobrevivência, estratégias para trabalhar a aceitação através do desempenho ou através do ajustamento[10]. Pessoas assim

---

10. FRIELINGSDORF, K. *Vom Überleben zum Leben*. Mainz, 1989.

vivem sempre na expectativa de serem aceitas pelos outros. Como não aceitam a si mesmas, giram sempre em torno da aceitação dos outros para descobrir a legitimidade de sua existência. E elas sempre têm medo de serem rejeitadas. Elas relacionam tudo o que veem a si mesmas. Elas acham que os outros falariam ou ririam delas. Como não aceitam a si próprias, acreditam que os outros também não as aceitam. E, no entanto, seu anseio mais profundo é o de finalmente serem aceitas, de finalmente serem percebidas pelos olhos dos outros como valorosas. Preocupar-se tanto com a afirmação de si mesmo através dos outros é na verdade reduzir a vida a um nível bem baixo. Pois há sempre a necessidade de se orientar em função dos outros; há o medo de dar a própria opinião, porque ela poderia ser ridicularizada.

Jesus curou o homem ajustado ao desafiá-lo: "Fique de pé e coloque-se no centro!" (Mt 3,3). Agora ele não pode mais se adaptar, agora ele tem de colocar a sua verdade diante de todos. Agora ele tem de estar consigo mesmo. Sim, agora ele será olhado criticamente por todos ao seu redor. Pois os fariseus observam bem se Jesus irá curá-lo no sábado e com isto desrespeitar um mandamento. Jesus não se ajusta. Faz aquilo que julga ser correto. Assume o seu comportamento, sua crença de que para Deus as pessoas são mais importantes do que a obediência aos mandamentos. Ele olha para cada um dos fariseus, que não possuem nenhum sentimento de autoestima, e que se escondem detrás das normas coletivas. Jesus olha para cada um deles "cheio de ira e de tristeza". Em sua ira ele se defende contra seus corações endurecidos. Ele se afasta deles, e faz aquilo que para ele é correto. Porém, em sua tristeza, Jesus permite que cada um se aproxime dele, e compreende cada um, se entristecendo com a sua paralisia, com a pobreza de sua vida. Jesus tem um sentimento de autoestima forte. Ele sabe o que quer. E Ele o faz, muito embora todos se voltem contra Ele. Ele não tem necessidade de se fazer amado pelos homens. Ele faz aquilo que sente vir de Deus, e exatamente desta maneira é justo para com os homens.

O arrogante

Muitas vezes um sentimento de autoestima reduzido esconde-se atrás de uma fachada de arrogância e presunção. Sentimo-nos melhores do que os outros, os menosprezamos, para superestimarmos a nós mesmos. Mostramo-nos autosseguros e autoconscientes. Mas tudo isto é apenas aparência. Estamos cegos para a própria realidade. Não vemos as manchas ocultas; pelo contrário, nos julgamos incapazes de erros e perfeitos. Muitas vezes estas pessoas gabam-se pelos seus méritos e desempenhos. Elas se colocam acima dos outros. Isto impressiona a muitos. A pessoa sensata, pelo contrário, sente-se constrangida quando alguém tem necessidade de colocar-se desta forma sob um pedestal. A Bíblia mostra esse tipo de pessoa na ilustração do cego. O cego se nega a ver a própria realidade, porque esta lhe é desagradável, porque está abaixo de sua dignidade. Assim, ele fecha os olhos diante de sua realidade para poder continuar a agarrar-se à ilusão de sua própria grandeza.

Jesus cura o homem que havia nascido cego, aquele que desde o nascimento fechara os olhos diante da própria realidade, ao cuspir no chão, fazer uma pasta com a saliva e passá-la sobre os olhos do cego (Jo 9,6). Desta forma, Jesus o confronta com a terra, com o *humus*. Ele cura sua pretensão através da humildade, *humilitas*. É preciso ter coragem para aceitar a origem terrena e humana e reconciliar-se com a ideia de que viemos da terra. Jesus aplica lama nos olhos do cego de nascença para dizer-lhe: "Você só poderá ver realmente quando estiver preparado para perceber também a lama que há em você e se reconciliar com ela". Porém Jesus não joga a verdade na cara do cego. Ele espalha carinhosamente esta pasta feita de terra e saliva sobre seus olhos. A saliva é algo maternal. E é apenas porque Jesus trata o cego maternal e carinhosamente que este pode abrir seus olhos e ver a própria realidade. A *humilitas* (humildade) cura a *hybris* (arrogância). *Humilitas* não só tem a ver com húmus, com a terra, como também com humor. Para poder aceitar-se a si mesmo é necessário ter humor. Os arrogantes e presunçosos são em sua maioria pessoas que não possuem humor. Ai daquele que arranhar o seu pedestal! Jesus cura o cego ao lidar com ele com humor e desta forma possibilitar-lhe reconciliar-se com sua humanidade e aceitar-se a si próprio com humor.

Estas foram algumas ilustrações para o sentimento de autoestima precário, da maneira como são descritas na Bíblia. Poderíamos analisar todas as histórias de cura e em cada uma delas veria na pessoa enferma alguém que tem pouco sentimento de autoestima. Lá está o leproso, que não pode gostar de si mesmo. Como ele próprio não se aceita, sente-se rejeitado e excluído por todos (Mc 1,40-45). Lá está a mulher hemorrágica, que se extenua apenas para receber um pouco de atenção, e que ao fazer isso cada vez fica pior, perde cada vez mais sangue, fica sempre mais enfraquecida (Mc 5,25-34). Lá está a filha de Jairo, que não se atreve a viver, que não quer crescer, que não se atreve a levantar-se diante dos pais (Mc 5,21-24.35-43). Lá está o surdo-mudo, que é mudo por medo de ser rejeitado e ridicularizado por aquilo que ele diz, que fechou seus ouvidos por medo de ouvir alguma coisa negativa a respeito de si mesmo (Mc 7,31-37). Lá está o jovem possesso, que não pode expressar seus sentimentos e que por este motivo é empurrado pela sua agressividade para lá e para cá, porque seu pai não acredita nele (Mc 9,14-19). Lá está o moço de Nain, o rapaz que gostaria de viver e que não pode (Lc 7,11-17). No encontro com Jesus estas pessoas recebem a coragem de aceitar a si mesmas, de se erguer e de descobrir o seu verdadeiro valor. Jesus transmite a todas elas, através das palavras que lhes diz, através de seu olhar, que as vê com ternura, e, através de seu toque carinhoso, que elas possuem muito valor e que são extraordinárias. E com isto Ele nos aponta caminhos para podermos ajudar uns aos outros a descobrir nossa autoestima e a acreditar nela.

Capítulo III
Caminhos para um sentimento de autoestima saudável

Existem muitos caminhos para o desenvolvimento de um sentimento de autoestima saudável. Existem os caminhos psicológicos, que são descritos hoje em dia em muitos livros de autoajuda. Existem os caminhos que são revelados na Bíblia. Nós podemos descobrir na Bíblia uma terapia própria de Jesus, o método que usou para ajudar as pessoas a adquirir um sentimento de autoestima saudável. Eu desejo mostrar apenas alguns caminhos que me parecem importantes. Estes caminhos sempre associaram os níveis psicológicos e espirituais.

A aceitação de si mesmo

Não importa que nos apresentemos exteriormente com segurança, mas sim que obtenhamos um sentimento de valor intocável e aceitemos a nós mesmos em nossa individualidade. Hoje em dia todos nos dizem que precisamos aceitar a nós mesmos, e nós mesmos já sabemos disto há muito tempo. A questão que se coloca é: de que modo isso é possível? Antes de tudo precisamos nos libertar das ilusões que fazemos a respeito de nós mesmos. Nós precisamos parar de sonhar acordados e de fantasiarmos nestes sonhos que somos os maiorais e os mais bonitos. A aceitação de si mesmo tem alguma coisa a ver com humildade, com *humilitas*, com a coragem de aceitar sua própria humanidade. Muitos aconselham pessoas que possuem um baixo sentimento de autoestima a olhar seus pontos fortes. Isto pode ser absolutamente correto. Porém, se por detrás disto se esconde a ideia de que somente os pontos fortes têm valor, então um conselho deste tipo não leva adiante. O que é importante é que eu me aceite com tudo que existe em mim, não somente com meus pontos fortes, mas também com as minhas fraquezas. Para mim somente aquele que se permite ser fraco, que pode olhar suas próprias fraquezas com humor, tem um sentimento de autoestima saudável.

Mas muitas vezes é preciso percorrer um longo caminho para se reconciliar com tudo aquilo que descobrimos em nós mesmos. Quanto mais intensa for a nossa convivência com os outros, mais fortemente descobriremos nossos lados sombrios, as necessidades reprimidas, os sentimentos sufocados. Um casal que queria construir seu casamento sobre a base da confiança mútua já está decepcionado depois de meio ano, porque briga demais, porque existe muita maldade em cada um deles. A confiança era para eles também um caminho para se afastar da própria realidade. Eles precisaram primeiro aprender devagar com toda humildade a aceitar também seus lados sombrios, seu desejo de ferir, seus sentimentos de vingança e a maldade de que eram capazes. Nós nunca podemos dizer que nos aceitamos. Este é um processo que se dá ao longo de toda a vida. Várias vezes descobrimos em nós lados que nos aborrecem e sobre os quais estamos decepcionados. Quanto mais eu envelheço, menos falo sobre a aceitação de mim mesmo. Quando entrei para o convento, eu pensava poder superar todos os meus lados negativos através das orações e do ascetismo. Mas então estes lados sempre se anunciavam. Agora abandonei a ilusão de que eu possa me transformar naquilo que gostaria muito de ser. Agora eu procuro, com toda humildade, dizer sim àquilo que é, com a certeza de que sou aceito por Deus assim como sou. Se eu alguma vez me aborreço por ter reagido de modo tão infantil, então digo a mim mesmo: "Eu continuo a ser assim. Isto também é permitido". Então, mesmo em meio à minha decepção sinto uma paz interior e uma serenidade, a sensação de que tudo pode ser o que é, de que tudo é bom como é. E eu me sinto então nas mãos amorosas de Deus.

Aceitar a si mesmo significa reconciliar-se com sua história de vida. Muitos se lamentam por terem tido uma infância muito difícil, por neste período terem sido muito feridos. No acompanhamento de pessoas que foram muito machucadas, muitas vezes é doloroso examinar em conjunto as feridas. Algumas pessoas se sentem então sob a pressão de ter de trabalhar todas estas mágoas. Eu tento transmitir às pessoas feridas que sua história de vida é também o capital com o qual elas podem crescer. Se elas puderem se reconciliar com suas mágoas, estas poderão se tornar uma fonte da vida. Então suas mágoas lhes darão condições de entender e de acompanhar os outros. Muitas vezes alguém descobre só então sua **verdadeira vocação**, sente o carisma que possui no fundo de **sua história de vida**. Quando alguém consegue se reconciliar **com sua história** pode então reconhecer que tudo tem um sentido. **Mesmo a dificuldade não foi sem sentido**. A dificuldade o **faz capaz, agora, de viver** de outro modo, mais sensível, mas **intensamente, agradecido** e aberto às outras pessoas. As feridas **se transformam, tão** logo eu me reconcilie com elas, em **uma fonte de vitória** para mim e para os outros.

Para poder aceitar a nós mesmos precisamos abandonar **as comparações. Enquanto** eu me comparo com os outros, **sempre estou em desvantagem**. Sempre existe algum talento que os outros têm e eu não. Quando eu faço comparações, não estou comigo mesmo, eu vivo apenas na comparação com o outro. O que importa, porém, é estar comigo mesmo, me aceitar, gostar de mim. Mas, se alguém tem pouco sentimento de autoestima sempre faz comparações, quer queira ou não. Uma mulher sabe, há muito tempo, que não deve fazer comparações. Mas tão logo ela se encontra em um grupo começa a se comparar aos outros. Não faz qualquer sentido ver apenas os pontos fortes, para desta forma se valorizar internamente. Pois então ela continua a se comparar. Também não ajuda quase nada desvalorizar os outros, achar que tudo que apresentam é apenas aparência. Porque desta forma eu desvalorizo os outros para me valorizar. E continuo preso à comparação. O que é de muita ajuda é sair da cabeça que compara e chegar ao coração, que sente. A mulher encontrou um caminho para se livrar da comparação. Ela procura sentir sua respiração, sentir suas próprias mãos, estar consigo mesma. Isto a faz sentir-se bem e ela pode então dizer alguma coisa quando quer. Então ela não está mais sob a pressão de ter incondicionalmente de contribuir com alguma coisa para ser bem vista pelos outros. Enquanto ela fez comparações, ela se sentia mal. As outras pessoas determinavam seu ânimo. Agora que ela está em si mesma, que sente a si mesma, pode sentir as outras e descobrir o que tem em comum com elas.

Estar em si mesmo

Autoconfiança também pode significar estar consigo mesmo, sentir-se bem consigo mesmo, ser independente dos outros. Muitas pessoas não conseguem construir nenhum sentimento de autoestima porque concedem aos outros poder sobre elas. Elas não estão consigo mesmas, ao contrário, estão sempre com os outros. Em vez de repousarem em si mesmas, estas pessoas adquirem seu sentimento de autoestima somente a partir dos outros, de seu bem-estar, de seus elogios, de sua atestação. Elas não podem se diferenciar. Elas relacionam tudo a si mesmas, são machucadas por qualquer observação sarcástica. A estas pessoas eu aconselho a entrar em contato com suas agressões. Através da agressão eu posso me diferenciar dos outros. A agressão é o impulso que me possibilita distanciar-me dos outros e assim desta forma poder estar em mim mesmo. Algumas vezes, primeiro, precisamos pôr para fora de nós mesmos aquele que nos feriu. Enquanto eu estiver ocupado por uma outra pessoa não poderei estar em mim, não poderei desenvolver nenhum sentimento de autoestima. Eu serei habitado por outro, em vez de por mim mesmo.

Estar consigo mesmo pode se dar de várias formas. Eu estou em mim quando tenho a sensação de mim mesmo, quando confio em meus próprios sentimentos, quando repouso em mim mesmo. Quando eu não dependo do humor dos outros, mas, antes, estou em contato com meus próprios sentimentos. Eu estou em mim quando sinto meu corpo. Quando eu, por exemplo, faço uma caminhada e devido ao esforço físico começo a transpirar, então eu estou comigo. Então eu estou em meu corpo. Eu sinto meu corpo e me sinto bem dentro dele. Então eu nem penso em duvidar de minha autoestima. Porque eu sinto, eu sou. Eu não preciso provar meu valor através de desempenhos exteriores. Eu me sinto. Isto me faz bem. Ninguém sente da maneira que eu sinto. Eu sou único. Eu sou eu mesmo. Isto não é um reconhecimento, mas sim uma experiência, que por si só me transmite autoestima. Muitas pessoas procuram nos outros a causa de seus problemas. Elas precisariam aprender a estar em si mesmas, a descobrir sua própria base e a desenvolver uma sensibilidade de si mesmas, de seus sentimentos e de seu corpo.

O caminho do corpo

Um importante caminho, para chegar a si mesmo e para estar em si mesmo, é o caminho do corpo. Nos anos de 1970 eu e alguns irmãos visitamos muitas vezes Graf Dürckheim, em Rütte. Com ele aprendemos a nos sentir em nosso corpo, a entendê-lo como um caminho para a autoconfiança, mas também como um caminho para uma grande sinceridade diante de Deus e ainda a nos exercitarmos neste particular. Para Dürckheim, o corpo era um instrumento do *tornar-se si mesmo* para os seres humanos. O corpo é um barômetro que mostra como a pessoa está. Vemos no corpo de uma pessoa insegura que não tem nenhuma autoconfiança. Podemos ver, por exemplo, que esta pessoa se contém, que ela nunca deixa os braços penderem livremente, mas sim que os mantêm cruzados até mesmo ao caminhar para encontrar apoio em si mesma. Ou percebemos nos ombros levantados que alguém está cheio de medo. Pessoas inseguras têm o seu ponto central na região torácica. Elas não confiam em si mesmas. Precisam obstinadamente se apresentar exteriormente como fortes e invencíveis. Na realidade, estas pessoas não têm nenhum apoio. Precisamos apenas tocá-las de leve e então elas caem. De pé eu posso sentir se eu tenho autoconfiança. Mas o corpo não só é um barômetro, como também um instrumento para tornar-se si mesmo. Através do corpo e no corpo eu também posso treinar posturas internas. Portanto, ao ficar em pé eu posso treinar perseverança, autoconfiança.

Eu posso, por exemplo, imaginar que estou de pé como uma árvore, que minhas raízes se enraízam profundamente no solo. Eu fico bem quando estou conectado à terra. Eu estou conectado à terra quando meu centro de gravidade se localiza entre o calcanhar e a planta dos pés. Eu posso conseguir isso quando eu balanço um pouco os joelhos. Então eu estou de pé solto como uma árvore e não como uma pilastra de concreto. Logo, posso imaginar como o ar durante a expiração flui para o solo através da sola dos pés, e, durante a inspiração, da terra para a cabeça, até o céu. Então eu sou como uma árvore, que embaixo está fortemente enraizada e que em cima abre sua copa para o céu. Se eu ficar parado dessa maneira durante muito tempo, a autoconfiança pode crescer. Eu posso dizer a mim mesmo frases como: "Eu tenho perseverança. Eu estou com os dois pés no chão. Eu tenho um ponto de vista. Eu posso resistir a alguma coisa. Eu posso me responsabilizar por mim e por alguma coisa. Eu estou comigo, eu estou em mim". Ou eu posso durante um exercício deste tipo repetir estas palavras bíblicas: "Lança tuas preocupações sobre o Senhor. Ele te sustentará" (Sl 55,23). Ou: "O Senhor está sempre diante de meus olhos. Ele está a minha direita. Eu não me abalo" (Sl 16,8). Eu já vi várias vezes que seguir apenas o caminho da mente não me transmite nenhuma autoconfiança. Exercícios com o corpo podem me ajudar a fazer com que a autoconfiança cresça cada vez mais em mim. É claro também que isto não é nenhum truque que me dê autoconfiança de uma vez por todas. Eu preciso exercitar isto muitas vezes.

Dürckheim falava que nós tínhamos de ficar no *Hara*. O *Hara* é a região do abdômen. Quando tenho meu centro gravitacional no abdômen, estou firme. Então quase ninguém poderá me derrubar assim tão fácil. Ficar no *Hara* não significa prender-se com força ao solo para que ninguém possa me fazer cair. Pelo contrário, o *Hara* é uma postura de abertura. Eu não me mantenho preso em mim mesmo, mas antes estou aberto a Deus ou ao Ser, como é chamado por Dürckheim, à essência. Porque estou aberto a algo maior, não preciso me segurar com força em mim mesmo, pelo contrário, sinto que estou amparado por Deus.

Quando eu, durante uma palestra, coloco-me conscientemente no *Hara*, eu me sinto mais tranquilo e sereno. Muitos oradores se seguram na tribuna durante uma palestra, ou ficam de pé apoiando-se ora em um pé ora em outro. Porém isso não só expressa insegurança, como também ainda a fortalece. Estar conscientemente no *Hara* é um aprendizado de confiança e abertura. Não se trata de querer impressionar através de minha palestra, mas sim de que aqui flui através de mim algo maior, que Deus fala às pessoas por meu intermédio. Muitos pensam que não há mais nada a fazer, se recebemos pouca autoconfiança. Porém nós não estamos simplesmente entregues a esta situação. Nós podemos aprender a ter mais autoconfiança através do corpo. É claro que o processo de transformação no corpo é lento. E que é necessário ter muita paciência. Porém, acima de tudo o corpo não se deixa enganar. Eu não posso simplesmente usá-lo para desenvolver simplesmente apenas mais autoconfiança. O corpo me obriga a ser sincero. *Hara* significa ser aberto para algo maior, para Deus. A verdadeira autoconfiança só cresce através do corpo quando eu desisto de manter minhas pretensões e parâmetros. Eu preciso estar pronto para soltar a mim mesmo, confiar-me a Deus, que é o único que me dá segurança e autoestima verdadeiros.

O caminho da fé

A questão da autoestima é para mim em última análise também uma questão religiosa. A fé nos mostra quem somos na verdade, de onde adquirimos nosso valor real. No entanto, não basta apenas dizer às pessoas que elas devem confiar em Deus, pois então também encontrarão autoconfiança. A questão é como podemos aprender a confiar em Deus. Um apelo à confiança não produz nenhuma confiança. Muitas vezes pessoas devotas caem em um círculo vicioso ao ver a culpa de sua pouca autoconfiança no fato de rezarem pouco, ao se repreenderem por este motivo e a procurar então rezar cada vez mais, para que a confiança em Deus cresça finalmente. Porém elas podem rezar tanto quanto quiserem. Elas sempre continuarão a vivenciar situações nas quais a autoconfiança lhes faltará. Desta forma se enroscam cada vez mais na espiral de preces e de censuras e não dão nenhum passo adiante.

A confiança em Deus também não pode ser forçada através da prece. Nós podemos aprendê-la quando temos diante dos olhos a confiança que Deus tem em nós e exercitamos nossa confiança em Deus. É também sempre uma dádiva quando em nós surge uma confiança profunda em Deus e através da confiança em Deus uma nova autoconfiança. Para mim, agir simplesmente como se eu tivesse confiança auxilia este processo. Eu posso, por exemplo, dizer para mim mesmo palavras de confiança que estão na Bíblia e então experimentar como eu me sinto quando ajo como se isto fosse verdade. Se eu sempre repetir para mim o Salmo 118: "O Senhor está em mim, eu não tenho medo, o que podem me fazer os homens?", então eu posso, por meio de palavras como estas, alcançar a confiança que já existe em mim. C.G. Jung diz que nós teríamos sempre dois polos dentro de nós: medo e confiança. Não existe uma única pessoa que tenha apenas medo e outra que só tenha confiança. Porém muitas vezes estamos fixados em nosso medo. Quando interpretamos as palavras de confiança das Escrituras, descobrimos em nós a confiança no fundo de nossa alma. E desta maneira ela pode crescer em nós, de forma nos moldar cada vez mais. Quando medito sobre o Salmo 23: "O Senhor é meu pastor, nada me faltará", então eu percebo sim que isto não é uma pura ilusão. É claro que eu ainda tenho dúvidas se isto não seria bom demais para ser verdade. Na meditação eu ajo como se esta frase fosse verdade. Então pode crescer em mim uma sensação de liberdade e independência das outras pessoas. Eu percebo que Deus me basta, que ele me dá o que eu preciso, que ele me oferta meu valor verdadeiro. O fato fundamental de nossa fé é que nós somos aceitos por Deus de forma incondicional. No Batismo, Deus pronunciou sobre nós as palavras: "Você é meu filho amado, minha filha amada, em ti eu me comprazo" (Mc 1,11). Se eu viver a partir desta realidade, então muitas dúvidas a respeito de mim mesmo deixam de existir. Então as mensagens negativas que eu ouvi muitas vezes, tais como: "Você não presta para nada, Você nunca vai conseguir. Você é burro demais para isso", deixarão de se fazer ouvir. A questão é como podemos viver a partir da realidade da fé, de forma que ela nos modele mais do que as autodesvalorizações, as autoacusações e as auto--ofensas com as quais costumamos viver. Para mim a meditação de textos bíblicos e a comemoração consciente de nossas festividades cristãs são os caminhos mais importantes para se conseguir isso.

A meditação de textos bíblicos

Para os exercícios individuais eu sempre dou textos da Bíblia às pessoas que sofrem de baixa autoestima. Estes textos devem ajudá-las a criar confiança e a descobrir sua autoestima. Não só o Velho como o Novo Testamento nos anunciam a cada página que nós temos um valor intocável. Se pudéssemos acreditar em nossa dignidade divina, então teríamos um sentimento de autoestima saudável, não dependeríamos da opinião dos outros. Um texto que pode nos ajudar a confiar na proteção de Deus e a reconhecer nosso valor a partir desta confiança é Isaías 43: "Não teme, pois eu te remi, eu te chamei pelo teu nome, tu me pertences. Quando tu caminhares pela água, estarei contigo, quando pelas correntezas, não serás levado. Quando pelo fogo, não serás chamuscado, nenhuma chama te queimará... porque aos meus olhos és caro e valioso e, porque te amo, darei por ti países inteiros e por tua vida povos inteiros". Eu observo estas palavras não apenas com o meu intelecto, mas as deixo cair em meu coração. Eu investigo a sua realidade: "Se isto estiver correto, como me sinto então? Se isto for a minha realidade mais profunda, como vejo a mim mesmo então?" Eu preciso repetir muitas vezes estas palavras e dizer a mim mesmo: "Esta é a realidade verdadeira, mais real do que a sensação que você tem agora, mais real do que a sua própria autoavaliação". Então é possível que eu de repente sinta em mim a confiança de que Deus está em mim e de que eu tenho um valor intocável, de que eu sou tão precioso para Deus, que Ele por mim dá países inteiros. Nem a água, como representação de tudo aquilo que há de ameaçador e de perigoso em meu inconsciente, pode me fazer afundar, nem o fogo de minhas paixões e impulsos pode me queimar. Eu não preciso ter nenhum medo das ameaças internas e externas. Ele está comigo.

Eu sempre vejo que a meditação sobre estas palavras ajuda às pessoas que não possuem autoconfiança a descobrirem seu próprio valor. Eu muitas vezes vejo pessoas que insultam a si mesmas ao dizer que não teriam confiança em Deus e em si próprias. Porém, elas, na verdade, não teriam nenhuma razão para pensar assim, porque Deus as sustenta. Estes apelos à confiança apenas prejudicam. Eles não podem expulsar o medo. Todas as frases que começam com "na verdade eu deveria..." trazem como efeito no máximo uma consciência pesada, porque eu estou cheio de medo, muito embora não tenha nenhuma razão para isto. Não leva a nada obrigar-se a ter confiança ou tentar persuadir-se apenas a partir do intelecto, de que teríamos razões suficientes para ter confiança. A confiança precisa crescer. Precisa também invadir o inconsciente e gravar-se nele. Ela pode crescer quando ponho em minha boca as palavras Deus e as mastigo, quando as deixo cair cada vez mais no fundo de mim mesmo. Então elas me transformam aos poucos, então elas criam em mim cada vez mais confiança e otimismo.

Eu também gosto de dar o capítulo 54 de Isaías para meditação: "Alegra-te, ó estéril, que não deste à luz; tu que nunca tiveste as dores de parto exulta de prazer e dê gritos de alegria! Pois a solitária tem agora mais filhos do que a casada, diz o Senhor. Amplia os cômodos de tua tenda e estenda as cortinas sem economizar. Alonga as tuas cordas, e firma as tuas estacas!" (Is 54,1-2). Talvez eu me sinta estéril e solitário. Talvez eu tenha a sensação de que nada acontece comigo, de que vivi até agora por nada, de que tudo é tão sem valor. Quando as palavras de Deus caem sobre um estado sentimental deste tipo, muitas vezes as autocríticas e as autodesvalorizações deixam de existir. A esterilidade pode existir, eu posso me sentir algumas vezes solitário e abandonado. É exatamente para mim como o solitário e abandonado que esta promessa é válida, para que a minha vida traga frutos abundantes. Ampliar os cômodos de minha tenda significa deixar que meu interior se amplie, que eu não pense pequeno a respeito de mim mesmo. A minha tenda tem espaço para muitos. Meu coração tem uma grande extensão. Eu posso me abrir diante de Deus, que me proporciona espaços amplos. E eu posso convidar as pessoas a tomarem assento em minha tenda. Deus me deu uma tenda maravilhosa, uma tenda em que o próprio Deus fez a morada. Eu não preciso me esconder. Eu acredito em minha beleza interior e posso convidar as pessoas a se alegrarem junto comigo pela sinceridade que Deus me presenteou. Com a meditação das palavras bíblicas eu não quero obrigar a nada, nem mesmo a autoconfiança. Apelos morais, como eu tenho de confiar, porque Deus me prometeu isso, não ajudam muito. Eles produzem apenas uma consciência pesada, por ainda continuar a não crer o bastante. A meditação é um caminho mais suave. Eu deixo o próprio Deus ter efeito em mim mesmo por meio das palavras da Bíblia. Eu me ofereço e também meu sentimento de autoestima deficitário a Deus, para que Ele me penetre com as suas palavras, com o seu espírito e com o seu amor. Os exercícios não se destinam à resolução de seus problemas, mas antes a se deixar transformar por Deus. Mas, quando alguém sentiu quem ele é a partir de Deus, então esse alguém também lidará de outra maneira com seus problemas cotidianos. Então ele não precisa se obrigar a ter autoconfiança, então ele conhece a sua realidade mais profunda, sua dignidade divina, e a imagem única que Deus fez dele.

A comemoração de festividades cristãs

As festividades do calendário litúrgico da Igreja meditam de uma maneira particular sobre a mensagem da Bíblia. Nestas festividades comemoramos nossa própria vida, assim "prodigiosa como Deus a criou e a renovou" através de Jesus Cristo (oração da festa natalina). Nós comemoramos a nossa vida, porque merece ser comemorada. Na Liturgia nós nos representamos em nossa existência redimida. E ao nos envolvermos na representação sagrada da Liturgia, podemos perceber quem somos na realidade. Então o sentimento de nossa dignidade singular pode crescer em nós. Eu gostaria de demonstrar isto no exemplo de algumas festividades.

No Natal festejamos o nascimento de Deus em nossos corações. Deus nasce como criança em nós. Nós não estamos fixados ao nosso passado. Deus nos dá um novo começo. Ele nos coloca em contato com a imagem autêntica, que Ele fez de nós. Porque eu não posso acreditar no meu valor, porque eu desvalorizo a mim mesmo todo o tempo, o próprio Deus vem a mim no nascimento de Cristo para me passar a mensagem: "Uma coisa assim tão bela como você é única". No Natal comemoramos a beleza divina que nos é iluminada na Criança de Belém e que resplandece em toda face humana.

São três as ilustrações nas quais o mistério de nossa existência redimida é representado no Natal. A primeira é o nascimento de Cristo "em minha estrebaria". Em minha escuridão a luz de Cristo brilha e transforma o caos que existe em meu coração. Isto nós festejamos na noite de Natal. Eu não preciso apresentar nada a Deus. Eu preciso apenas oferecer-lhe minha estrebaria. Então ele a iluminará. Na Epifania se celebra a aparição do esplendor de Deus em minha carne. Uma vez nós demos um curso em nossa casa de hóspedes para esta festividade. No curso quisemos nos exercitar nesta realidade: a aparição do esplendor de Deus em meu corpo. Como eu me vejo, quando isto é verdadeiro, quando é a minha realidade mais profunda. Foi surpreendente como os hóspedes através de sua representação do mistério desta festa tornaram-se mais bonitos e transparentes e ganharam um novo sentimento de autoestima.

A terceira ilustração é a comemoração do batismo de Jesus, com a qual se encerra a época natalina. O céu se abriu sobre Jesus, de pé no meio das águas do Jordão, e Deus disse a ele: "Tu és o meu filho amado, em ti eu encontrei contentamento" (Mc 1,11). As águas do Jordão estão cheias da culpa de todos os pecadores, que nelas se deixaram batizar por João. De pé no meio de minhas culpas o céu se abre sobre mim. A minha vida se expande e chega até aos domínios divinos. E do céu Deus pronuncia a palavra original de minha dignidade intocável: "Tu és meu filho amado, minha amada filha. Tu me aprazes". Ser filho e filha de Deus é o que me concede meu valor divino. Eu paro de me definir a partir de meus pais, de me deixar determinar pelas mensagens que ouvi deles. Eu não adquiro o meu valor a partir de outras pessoas, nem do pai e nem da mãe, de sua atenção e confirmação, mas sim de Deus. Eu não recebo meu real valor através do elogio das pessoas e do fato de estarem do meu lado, mas sim do fato de Deus ter me criado de forma tão prodigiosa. Ter nascido de Deus me dá liberdade diante das expectativas e do julgamento dos homens. Jesus Cristo, o filho de Deus, tornou-se homem para que eu me tornasse filho de Deus, para que eu me fosse divinizado, como dizem os padres da Igreja grega.

A imagem que Deus fez para cada um de nós, a dignidade divina, que Ele nos presenteou através de Jesus Cristo, é cada vez mais revelada no calendário litúrgico da Igreja. Na Quaresma nos exercitamos na liberdade interior, a de que não somos dependentes de nossos hábitos. Este treinamento visa fortalecer nosso sentimento de autoestima. Nós não somos determinados pelo exterior, pelo contrário, nós mesmos modelamos nossa vida. O jejum tem como objetivo tornar o corpo transparente a Deus. Ele conduz a uma vida mais intensa. Nós percebemos a nós mesmos e ao mundo ao nosso redor de forma mais consciente. Nós nos tornamos alerta e mais atentos por meio do jejum. Jejuar, assim pensa Agostinho, visa preparar nosso corpo para a ressurreição.

Na Páscoa nós não festejamos apenas a ressurreição de Jesus, mas também nossa própria ressurreição. Todos os anos cerca de 250 jovens chegam a nossa abadia para festejar a Páscoa conosco. Eles sentem que se trata de sua ressurreição, que Deus na ressurreição de Jesus também quebrou as suas correntes, que Ele rolou a pedra que estava sobre eles e os bloqueava, que Deus os quer retirar de suas sepulturas e conduzi-los para o alto, para a vida. Eles festejam a insurreição da vida contra a morte. Eles se levantam a cantar e a dançar contra todas as forças que dentro de nós impedem a nossa vida. Eles se levantam, para erguidos festejarem a vitória da vida sobre a morte, a vitória do amor sobre o ódio. Eles se deixam erguer por Cristo do túmulo de seu medo e de sua desesperança, para de pé festejar sua dignidade como pessoas redimidas e libertadas. Muitos jovens me contaram que a comemoração intensa da Páscoa realmente os ergueu, que eles passaram a ter mais confiança em si mesmos, que eles vivenciaram a si próprios como mais valorosos.

Em Pentecostes a ressurreição da Páscoa é concluída. É o Espírito Santo que permite que os apóstolos temerosos se ergam para divulgar a todo o mundo a mensagem da ressurreição de Jesus. O Espírito Santo transformou os apóstolos medrosos em homens cheios de autoconfiança. Eles confiam em si mesmos, naquilo que sentem em si mesmos, no fogo que queima em seu interior, nos sentimentos de entusiasmo. Eu vejo muitos jovens que não confiam em seus próprios sentimentos. Acima de tudo, eles se tornam facilmente inseguros quando alguém lhes transmite uma consciência pesada e exige deles, em nome da moral cristã, que vivam sua fé de maneira mais inflexível. O Espírito Santo nos toca através de impulsos silenciosos. A comemoração de Pentecostes quer nos encorajar a ouvir estes impulsos interiores, a confiar nos próprios sentimentos e a não se deixar amedrontar por moralistas. O Espírito Santo está em nós, ele nos fala. Ele não é o estranho, que nos obriga a fazer alguma coisa, mas sim o espírito em que confiamos, que nos coloca em contato com a imagem original de Deus em nós. Quando em nossas orações ficamos silenciosos, muitas vezes podemos ouvir este espírito. Ele não nos assusta, mas sim nos conduz à verdade que liberta. Ele nos mostra quem somos na realidade. Aquele que confia no espírito que traz em si, tirará a máscara do espírito mundano que o rodeia. Ele crescerá cada vez mais dentro da imagem que Deus fez dele.

As diversas festividades do calendário litúrgico da Igreja têm por objetivo revelar quem somos a partir de Deus, por meio de Jesus Cristo. São ilustrações de nossa redenção, ilustrações de nossa dignidade divina. Isto vale também para as diversas comemorações dos dias consagrados aos santos, que mostram como cada um deles expressa Deus de forma individual e o torna visível a este mundo. Isto é válido também para os festejos marianos, que são sempre festividades otimistas, festas que querem exatamente encorajar as mulheres a assumir a sua dignidade. Infelizmente, a imagem de Maria foi usada indevidamente por alguns círculos da Igreja para inocular uma consciência pesada nas mulheres. Coloca-se Maria em um pedestal tão alto, que todas as outras mulheres parecem inferiores. Porém este não é o sentido dos festejos marianos. Nestes festejos comemoramos nossa própria redenção, festejamos aquilo que Deus fez a nós, por intermédio de Jesus Cristo. Como exemplo, cito a festa da Anunciação a Maria. Esta festa mostra Maria como a imagem primária da fé, como mulher corajosa, que – contra todas as expectativas do ambiente – se entrega sozinha a Deus. Enquanto Israel cada vez mais se afastava de Deus, ela se coloca à disposição de Deus como representante do povo, com suas palavras altivas, cheias de autoconfiança: "Eu sou a serva do Senhor; cumpra-se em mim segundo a tua palavra" (Lc 1,38). A mulher da insignificante cidade de Nazaré se atreve a falar como representante do povo e a oferecer-se a Deus. A Liturgia enaltece em imagens belíssimas este mistério da mulher, que Deus escolheu para dar à luz seu filho. Nestas imagens também sempre se resplandece nossa dignidade e beleza, nossa predestinação de que Deus também quer nascer em nós. Ao contrário da visão que as autoridades eclesiásticas têm da mulher, a Liturgia sempre defendeu uma teologia bem corajosa. Ela colocou no centro das festividades, em louvor a Maria, a mulher da qual Cristo nasceu, através da qual a salvação chegou ao mundo. A teologia feminista está atualmente redescobrindo a visão litúrgica de Maria e a dignidade da mulher.

A experiência de Paulo

Paulo escreve várias vezes em suas cartas que Cristo nos libertou de toda a dependência das pessoas e de suas opiniões: "Todos aqueles que se deixam guiar pelo espírito de Deus são filhos de Deus. Pois vós não recebestes um espírito que vos transforma em escravos, de tal forma que vocês precisem sempre ainda temer, mas sim um espírito, que vos transforma em filhos, o espírito a que chamamos: *Abba*, Pai!" (Rm 8,14). Ser filho e filha de Deus significa para Paulo, acima de tudo, uma libertação da escravização através das pessoas. O escravo está sob o poder das pessoas e precisa temê-las. O escravo é uma ilustração daquele que dá poder aos outros sobre si mesmo. Ele torna seu sentimento de autoestima dependente das outras pessoas. Se estas pessoas lhe dão atenção, o escravo se sente bem. Se elas lhe viram as costas, o mundo se acaba para ele. Eu dou ao outro poder sobre mim, quando me faço dependente de seu humor. Existem pessoas cujos sentimentos são totalmente dependentes das pessoas com quem convivem. Se o outro esbraveja, eles ficam deprimidos. Se o outro anda por aí com uma expressão deprimida, ficam tristes ou se sentem culpados. Nós somos filhos de Deus e não escravos dos homens. Nós não podemos nos entregar totalmente às mãos de outra pessoa. Nós não podemos conceder aos outros nenhum poder sobre nós. Eu preciso temer aquele que tem poder sobre mim. Eu tenho de viver constantemente com o medo de que ele abuse de seu poder, de que ele me machuque e ofenda. Ser filho e filha de Deus é para Paulo o contrário do medo. Deus nos oferece nosso verdadeiro valor, um valor que nenhuma pessoa pode nos roubar. Os outros podem até nos machucar, mas existe em nós uma dignidade intocável, que ninguém nos pode tirar.

    A experiência de São Paulo, que dizia de si mesmo: "Quando estou fraco, então é que sou forte" (2Cor 12,10), pode auxiliar as pessoas que estão decepcionadas com suas próprias fraquezas e erros. Ter autoconfiança não significa ser sempre forte, estar acima de qualquer problema, que conseguimos nos controlar. Pelo contrário, a autoconfiança se mostra muito mais quando nós nos assumimos em meio às nossas fraquezas, porque acreditamos na misericórdia de Deus, que nos ergue do meio de nossas fraquezas. Aquele que faz seu sentimento de autoconfiança depender de ser sempre forte, de corresponder a todos os seus ideais, se despedaçará com a experiência do fracasso e da fraqueza. Aquele que, no entanto, se permite ser fraco, ganha força interior. Seu sentimento de autoestima não é destruído pelas frustrações, porque ele sabe que é amparado por Deus. Ele recebe seu valor da fé de São Paulo, que dizia a respeito de si mesmo: "Eu tenho certeza: nem a morte nem a vida, nem anjo nem poderosos, nem presente nem futuro, nem forças das alturas ou das profundezas ou qualquer outra criatura podem nos separar do amor de Deus que está em Jesus Cristo, nosso Senhor" (Rm 8,38).

A mensagem da reconciliação

A reconciliação é uma mensagem central da Bíblia. Quando Paulo escreve: "Rogamos a vós por Cristo, deixai-vos reconciliar com Deus!" (2Cor 5,20), então isto se refere não apenas à reconciliação com os outros, mas também à reconciliação consigo mesmo. Jesus quer reconciliar a pessoa dilacerada em si mesma com ela mesma, ao lhe confirmar que Deus a aceita apesar de suas culpas. Porém, quando Deus a perdoa, ela deve parar de culpar-se a si mesma. A fé no perdão de Deus deve se expressar então através de perdoar-se a si mesma. Não há mais nenhum sentido em continuar a culpar-se e a se dilacerar com sentimentos de culpa. O perdão, que Cristo não só pregou, como também nos transmitiu através de sua própria pessoa, possibilita que nos reconciliemos com nosso passado. Eu não preciso mais fechar os olhos diante de minha culpa. Pois eu sei que ela foi perdoada, que ela não me separa mais de Deus, de mim mesmo, e das outras pessoas. A culpa significa divisão. A pessoa que se sente culpada se sente interiormente dividida. Seu sentimento de autoestima está embaçado. Ela perdeu a relação consigo mesma e seu verdadeiro âmago.

Quando Jesus concede o perdão de Deus a uma pessoa, ele a encoraja a aceitar a si mesma e a recomeçar. Ao paralítico, a quem ele perdoa o pecado, ele incentiva: "levanta-te, toma o teu leito, e anda!" Ele não deve se deixar paralisar pelo seu passado. Apenas o fato de que ele colocou culpa sobre si mesmo não deve ser nenhum motivo para renegar a vida. Jesus acredita que a adúltera seja capaz de recomeçar. Ele diz a ela: "Eu também não te condeno. Vá e a partir de agora não peques mais!" (Jo 8,11). O perdão permite ao mesmo tempo um novo começo. Jesus incentiva a mulher, e fortalece seu eu enfraquecido. Ele não a humilha, fazendo-lhe repreensões moralistas ou sobrecarregando-a com o peso dos preceitos, mas antes a reergue ao depositar confiança nela. Ela não caiu em pecado por pura vontade, mas sim porque não pôde dizer não, porque ela não estava consciente, porque não estava em si mesma. Agora Jesus fala ao seu eu. "Você pode viver de outra maneira. Você tem força. Busque uma vida diferente. Você verá que isto lhe fará bem." Jesus não exige nenhuma submissão da mulher, mas sim a edifica, ao voltar-se para a força que existe dentro dela e para a dignidade, com a qual a mulher de fato deseja viver.

Nós podemos fazer com que alguém se sinta autoconfiante ao ter confiança neste alguém. Isto também é mostrado no capítulo 7 do Evangelho de Lucas, no encontro de Jesus com a pecadora. Após ter-lhe perdoado os pecados, Ele lhe diz: "A tua fé te salvou. Vá em paz!" (Lc 7,50). Jesus enaltece a sua fé. Ele fortalece o que há de positivo no que a mulher fez, e desta maneira a coloca em contato com sua força benigna. E Ele confia nela: "Vá em paz! Não se dilacere mais com sentimentos de culpa. O que fizestes foi bom. Agora podes ir em paz, em paz contigo mesma, em paz com as pessoas. Tu não precisas mais te desculpares por existir. Tu tens muito valor. Tu tens paz, dentro de ti há uma vida plena e completa. Então viva-a!"

Os monges antigos fizeram com os estudantes que lhes pediam conselhos o mesmo que Jesus faz com a pecadora e com a adúltera. Eles os encorajaram e confiaram neles. Foi assim que um velho padre encorajou um estudante a não falar durante um ano inteiro. A um outro, ele confiou de só comer a cada dois dias. Ao confiar que o estudante fosse capaz de alguma coisa, o mestre de ensino fortalece o seu sentimento de autoestima. O estudante descobre de que ele é capaz, ele cresce com isso, e ganha vontade de viver. Para mim também este método é ainda hoje uma diretriz. Para mim não basta conduzir apenas uma conversa não diretiva, apenas confirmar o outro. Eu sinto também que às vezes preciso desafiá-lo para que ele se esforce e descubra suas próprias capacidades, para que nele a força cresça. Muitas vezes eu dou um exercício ao exercitante. Eu confio nele, por exemplo, que ele converse alto com Deus durante meia hora, que ele diga a Deus quais são os seus sentimentos e pensamentos. Ou eu o encarrego de escrever uma carta. Ele deve imaginar que pouco antes de sua morte gostaria de escrever a alguém contando tudo que queria transmitir em sua vida, qual teria sido sua ideia condutora. Alguns se opõem a esse tipo de exercício. Porém quando se envolvem com eles, isto lhes faz bem. É claro que não se trata de dar a alguém alguma coisa como tarefa. A esse respeito o método não diretivo tem certamente sua justificativa, ao deixar a pessoa descobrir por si mesma aquilo que há dentro dela ao deixar que descubra as soluções por si mesma. Porém eu sempre duvido quando se proclama um método como bom para tudo. Minha experiência me diz que o outro polo também é importante: o desafio ativo para fortalecer o sentimento de autoestima do outro.

 O desafio não é nenhuma incapacitação, nenhuma recomendação, do tipo que muitas vezes é para o outro como um tapa no rosto, mas sim uma sugestão de como ele pode se exercitar em sua liberdade e dignidade, de como ele pode treinar para descobrir e desenvolver suas forças. Jesus desafia os homens, porque Ele acredita no que há de bom neles. Quando eu no acompanhamento espiritual desafio alguém e lhe exijo alguma coisa, é porque creio no Espírito Santo, que atua sobre esta pessoa e que quer fazer brotar dela possibilidades novas e desconhecidas. Jesus coloca as pessoas, com as quais Ele fala de modo confrontador, em contato com a força do espírito que nelas age. Ele lhes abre os olhos para o fato de que Deus espera muito mais delas, do que se dar por satisfeito com aquilo que é conhecido. Jesus desperta as pessoas, Ele as abre para a ação do espírito que trazem em si, e Ele as coloca em contato com a imagem original e singular que Deus fez delas.

O caminho místico

Um outro caminho para alcançar um sentimento de autoestima saudável é o caminho místico. A mística, assim como a Psicologia Transpessoal, nos convencem de que em nós existe um espaço, ao qual as outras pessoas não têm nenhuma entrada, ao qual as considerações do próprio superego não têm acesso. É o espaço da tranquilidade, aquele em que o próprio Deus mora em nós. Lá, onde Deus reside em nós, as pessoas não têm nenhum poder sobre nós. Os místicos acreditam que este espaço da tranquilidade existe em cada um de nós. Muitos, no entanto, não o sentem porque estão separados dele por meio de uma camada de escombros e pedregulhos, por meio de uma camada repleta de preocupações e problemas, cheia de pensamentos e planos, que se depositaram entre sua consciência e seu *si-mesmo*.

O caminho para este lugar interior do silêncio passa pela oração e pela meditação. No mosteiro desenvolvemos o método da prece de apenas uma frase. Associamos a respiração a uma frase das Escrituras, como por exemplo a frase: "Veja, eu estou contigo!" ou a prece de Jesus: "Senhor Jesus Cristo, filho de Deus, tenha piedade de mim". Eu me concentro na respiração e a associo à frase. Depois, ao espirar deixo-me conduzir pela frase ao espaço da tranquilidade interior, em que Deus me habita. Isaac de Nínive diz que a frase sobre a qual eu medito me abrirá as portas para o mistério sem palavras de Deus, sim, as portas da casa da tranquilidade, a qual somente Deus tem acesso. Nem sempre, todas as vezes que medito, posso sentir este espaço de tranquilidade. Muitas vezes é apenas uma rápida intuição de que em mim existe alguma coisa bem diferente e de que lá reside o próprio Deus. No entanto, apenas esta intuição ligeira já coloca alguma coisa em mim em movimento. Eu me vejo de outra forma. Eu toco meu verdadeiro ser, eu alcanço a minha profundeza. Eu sinto uma tranquilidade profunda, que emana paz.

Algumas vezes também já me ajuda se eu apenas imaginar o lugar da tranquilidade dentro de mim, se eu, por exemplo, imaginar as imagens com as quais a Bíblia descreve este espaço interior da tranquilidade. Eu não olho estas imagens de fora, mas sim observo a mim mesmo através delas. No Evangelho de João, Jesus diz daquele que crê: "De seu interior fluirão rios de águas vivas" (Jo 7,38). Em mim existe uma fonte que nunca se extingue, a fonte do Espírito Santo. Para pressenti-la, ao espirar, eu posso imaginar como penetro através das camadas de escombros que se depositaram sobre esta fonte, até que no fundo da alma pressinto alguma coisa desta fonte pura, que expulsa a água turva de meus sentimentos sombrios e me refresca interiormente. Ou eu posso meditar sobre a imagem de Todos os Santos, a qual, segundo a Carta aos Hebreus, somente o sumo sacerdote Jesus Cristo tem acesso. Quando eu imagino esta imagem bíblica, posso chegar à realidade, que Ele representa, como Jesus Cristo habita em mim. Lá, onde Ele está em mim, o barulho da entrada do templo não pode penetrar, lá os pagãos não têm acesso algum, lá os negócios e tudo que é mundano não podem invadir, lá os outros sacerdotes também não podem entrar, lá nem mesmo meus próprios planos e reflexões podem me incomodar.

Neste espaço interior eu também pressinto quem eu sou. Lá eu entro em contato com meu eu verdadeiro. Lá, onde Deus está em mim, Ele me liberta do poder dos homens, de suas expectativas e exigências, de seus julgamentos e padrões de medida. E lá Ele também me liberta das imagens que os outros me impingiram ou das imagens que eu fiz de mim mesmo. Deus me liberta para mim mesmo. Eu sou mais do que a minha história de vida. Eu sou uma imagem singular de Deus. Em mim existe uma imagem intocada de Deus, que Deus fez de mim, meu verdadeiro ser, como Deus o formou. Por este motivo, o caminho da meditação também me conduz ao meu verdadeiro eu. Lá, onde as opiniões dos outros e onde meus próprios padrões de medida não alcançam, lá eu posso ser totalmente eu mesmo, lá eu pressinto minha dignidade divina, lá eu posso perceber que em meu íntimo estou diretamente ligado a Deus.

Eu sempre vejo pessoas que sofrem por serem determinadas pelas outras. Elas não podem desenvolver nenhuma autoconfiança porque os outros a impedem. Elas são criticadas constantemente pelos funcionários ou pelo chefe, são influenciadas pelo vizinho temperamental ou pela tia insatisfeita. Eu tento então mostrar à pessoa que procura conselhos este espaço da tranquilidade, que já existe dentro dela. Esta pessoa deve imaginar que lá ninguém mais tem poder sobre ela. Aquilo que o vizinho pensa sobre ela não alcança este lugar. O que os outros falam dela, suas críticas, suas rejeições, suas exigências, suas expectativas, tudo isso não tem acesso a este lugar. Embora no nível emocional eu continue a ser sensível e seja atingido pelas críticas dos outros. Porém, por detrás disso está este espaço da tranquilidade, onde isto não pode penetrar. Quando eu imagino isso, surge um sentimento de liberdade. Neste espaço da tranquilidade eu posso respirar aliviado. Lá eu não sou determinado pelos outros, nem mesmo também pelas minhas próprias expectativas e compromissos.

Uma vez eu dei um curso para conselheiros matrimoniais sobre espiritualidade e aconselhamento. Neste curso eu procurei transmitir aos psicólogos que a espiritualidade no aconselhamento não significa dizer palavras religiosas, mas sim conduzir às pessoas ao seu âmago verdadeiro, a sua dignidade intocável, ao espaço da tranquilidade. Alguns aconselhadores relataram que em um casamento em crise muitas vezes é impossível ajudar efetivamente através de métodos de comunicação melhores. Quando, por exemplo, uma mulher se sente tão profundamente ferida, que não há mais condições para o diálogo. Ou quando o homem se sente radicalmente tão rejeitado, que não consegue mais conversar com a parceira. Neste caso pode ser de grande auxílio conduzir o parceiro ou a parceira a este espaço interior da tranquilidade, no qual o outro não pode entrar, no qual a mágoa e a rejeição não podem penetrar, no qual toda pessoa descobre sua dignidade inatingível, o espaço que não está machucado, que está intacto. Apenas a intuição deste espaço interior já pode, em meio à rejeição e à mágoa mais profundas, transmitir um sentimento de autoestima novo, uma dignidade, que ninguém tem o poder de roubar.

Algumas vezes também me ajuda tirar de meu íntimo as pessoas em quem penso o tempo todo, porque me feriram ou magoaram. A raiva pode ser uma força positiva para lançar para fora de nosso íntimo as pessoas que têm poder sobre nós, para que o espaço da tranquilidade seja preenchido apenas por Deus. Nós precisamos vedar a entrada para nosso íntimo a algumas pessoas. Lá, onde Deus reside em nós, onde nós estamos em casa com Deus, lá os outros não têm nenhum direito de penetrar. Fui procurado por uma mulher, que era constantemente atormentada pela sua chefe. Em casa, durante o jantar, o único tema de conversa com seu marido era a chefe ridícula, que fazia da sua vida um inferno. Eu disse a ela: "Eu não daria a honra a minha chefe de me deixar incomodar por ela até mesmo durante o jantar. Não a deixe entrar em sua casa. Ela não é tão importante assim". Em vez de deixar que a raiva nos consuma ou antes de explodir de tanta raiva, deveríamos usar a raiva para nos distanciarmos daqueles que nos inquietam constantemente, para expulsá-los internamente de dentro de nós. Alguns acham que isto não seria cristão. Cristão é o perdão. Porém, o perdão está sempre no fim da raiva e não no começo. Enquanto aquele que me feriu ainda estiver em meu coração, o perdão seria masoquismo. Com ele eu feriria a mim mesmo. Somente quando eu me distanciar daquele que me feriu, quando eu atirá-lo para fora de mim mesmo, poderei perdoá-lo de verdade, com o conhecimento de que ele é também apenas uma criança ferida.

 Expulsar o outro de dentro de mim mesmo é então o primeiro passo para perceber o espaço da tranquilidade, que existe em mim. Isto defende este espaço interior, contra todos aqueles que querem adentrar a ele com violência. Porém a defesa por si só não é o bastante. Na meditação eu preciso me despedir internamente de tudo que em geral me ocupa, das pessoas ao redor das quais eu orbito, de meus próprios pensamentos e planos. Eu preciso ficar bem tranquilo e depois escutar meu interior e imaginar: em mim existe um mistério, que ultrapassa a mim mesmo. Quando ouço dentro de mim, não me defronto apenas com minha própria história e meus próprios problemas. Pelo contrário, abaixo deste nível está um espaço da tranquilidade, um lugar, no qual Deus, que é o mistério, habita em mim. E lá, onde Deus, o mistério, mora em mim, posso estar verdadeiramente em casa. Lá eu percebo em mim uma paz profunda. Lá eu sei que debaixo da agitação cotidiana e da confusão interior está um espaço de tranquilidade. Para Evágrio Pôntico, o mais importante monge escritor do século IV, este espaço de Deus é representado na imagem de Jerusalém. Jerusalém significa "morada da paz". Assim nós alcançamos neste espaço da tranquilidade a "morada da paz, no qual alguém vê em si aquela paz, que é superior a qualquer entendimento e que mora em nosso coração"[11].

Quando eu admito em mim este lugar da tranquilidade, cresce em mim então um sentimento de liberdade e confiança. Não se trata então de uma autoconfiança apenas representada para que os outros a vejam, mas sim de uma confiança que vem da liberdade interior. Então, em vez de lutar contra os outros eu saboreio a liberdade. Existe um espaço em mim, sobre o qual ninguém tem poder, o espaço em que Deus habita em mim. Lá, onde Deus mora em mim estou em contato com meu verdadeiro eu. Lá eu sou totalmente eu mesmo. Lá o meu eu está protegido. Lá cresce o meu sentimento de autoestima, e eu me torno cada vez mais único comigo mesmo.

Todos os caminhos religiosos nos conduzem progressivamente ao sentimento de nossa autoestima. Não existe nenhum truque espiritual para adquirir rapidamente autoconfiança e autoestima. O que nos leva adiante é sempre o caminho de

---

11. PONTIKUS, E. *Briefe aus der Wüste*. Trier, 1986, p. 39.

exercícios. Eu tenho de meditar continuamente sobre a palavra de Deus, até que ela transforme meu coração e expulse de lá o medo. Nas orações eu preciso repetidamente alcançar o espaço da tranquilidade que existe em mim e me sentir independente da opinião dos outros e dos padrões de medida do próprio superego. Se eu seguir fiel e cautelosamente este caminho do exercício, então poderá crescer em mim um sentimento de autoestima sadio. Eu não estou simplesmente condenado a viver com o sentimento de autoestima precário que adquiri quando criança. O sentimento de autoestima pode ser aprendido. A fé é uma escola apropriada, na qual podemos aprender autoconfiança e autoestima. Porém, como em toda escola, é necessário ter perseverança e exercício. E a fé não deve saltar sobre a realidade psicológica. Como pessoa que tem fé, eu preciso aceitar também todo o auxílio que a psicologia me oferece. No entanto, eu posso, além disso, encontrar na fé um caminho para chegar ao meu eu verdadeiro, ao eu, assim como foi criado por Deus. Na fé eu ultrapasso o nível psicológico e descubro em mim o nível transpessoal, o espaço em mim, em que Deus mora e no qual eu sou totalmente eu mesmo. Se eu estou em contato com meu eu verdadeiro, então eu tenho um sentimento de autoestima, que não pode ser reduzido a nada mesmo por meio do fracasso e de ofensas. É o sentimento de meu núcleo divino, sobre o qual este mundo não tem nenhum poder.

Parte II

Superar a incapacidade

Nos tempos atuais existem sentimentos de impotência típicos, que são justificados pelas relações políticas e sociais, pela impotência diante das injustiças no mundo, pela impotência diante do terrorismo e da guerra. Enquanto na década de sessenta do século anterior o otimismo e a esperança no futuro foram as tendências fundamentais da época, os reveses sofridos pelo desenvolvimento econômico, político e social deram ao sonho de um progresso sem limites "um fim brusco. Mais do que todas as outras, a geração mais jovem teve abalada sua confiança no futuro e em sua realização. Em seu lugar surge um sentimento coletivo de impotência diante da aparentemente insuperável pressão das coisas. A tendência à resignação e à retirada para dentro de si mesmo são as consequências disso"[12].

A experiência da própria impotência pertence essencialmente ao ser humano. Sigmund Freud ocupou-se minuciosamente com a experiência da impotência e do desamparo infantil. A criança pequena descobre sua dependência da mãe e das coisas do mundo exterior. Isto "provoca sentimentos

---

12. MÜLLER, F. Ohnmacht. In: SCHÜTZ, C. (org.). *Praktisches Lexikon der Spiritualität*. Friburgo, 1988, 942 p.

torturantes de abandono, medo e raiva"[13]. Após a fase em que a criança se vivencia em harmonia com a mãe e com o mundo segue-se regularmente "a descoberta da impotência e de paixões difíceis de superar, como as que foram expressas nos mitos do anjo que caiu do céu e da expulsão do paraíso"[14]. A tarefa da criança consiste em responder à "experiência da própria impotência, dependência, inutilidade, inferioridade"[15], com o desenvolvimento de um sentimento de autoestima saudável. Quando a criança se vivencia como desamparada diante das pessoas ou diante de seus próprios impulsos reage com medo. Os sentimentos de impotência, os sentimentos de autoestima e de autoconfiança estão fortemente associados ao desenvolvimento infantil. A criança se vivencia necessariamente como impotente e desamparada. Para que possa desenvolver-se de forma saudável é necessário que aprimore o seu sentimento de autoestima e supere através da confiança o medo que a experiência da impotência desencadeou nela.

As experiências dos adultos também mostram que o sentimento de autoestima precário e o sentimento de impotência estão relacionados. Ao mesmo tempo nos sentimos sem valor e impotente diante dos outros, que podem muito mais e melhor, que são mais rápidos. Nós nos sentimos impotentes, porque não nos julgamos capazes de estar à altura das exigências da vida. Porém existe uma série de sentimentos de impotência que não têm sua origem em um sentimento de autoestima deficitário.

---

13. HENSELER, H. Die Theorie des Narzissmus. In: EICKEM, D. *Psychologie des 20. Jahrhunderts*. Vol. II. Zurique, 1976, p. 463.
14. Ibid., p. 464.
15. Ibid., p. 465.

Capítulo I
Sentimentos de impotência (incapacidade)

Eu não posso abordar neste livro todos os sentimentos de incapacidade que hoje atormentam as pessoas. Eu gostaria de examinar apenas três áreas, nas quais o sentimento de impotência costuma se apresentar com mais frequência. São elas: a minha própria impotência diante de minhas paixões, a impotência diante das outras pessoas e do poder que emanam, e a impotência diante da situação no mundo.

Impotência diante de mim mesmo

Eu posso me sentir impotente diante de meus erros e fraquezas. Apesar de todas as lutas e tentativas de trabalhar em mim a sua superação, eu recaio várias vezes nos mesmos erros. Eu sempre me proponho a não falar dos outros. Porém todos os meus propósitos permanecem sem sucesso. Eu continuo a falar dos outros. Muitas pessoas sofrem porque suas intensões não levam a nada. A cada confissão ou depois de todos os exercícios, elas se propõem com firmeza a dedicar mais tempo às orações. Elas se propõem a ter mais disciplina para exercitar e a lutar contra seu principal erro, como por exemplo, sua raiva ou sua irritabilidade. Porém, já depois de duas semanas elas percebem que sua intenção mais uma vez foi em vão e que nada mudou em absoluto nelas. Apesar disto elas se propõem a mudar da próxima vez, novamente sem sucesso. Algumas pessoas se sentem incapazes diante de seu medo. Elas leram muito a respeito do fenômeno do medo, fizeram uma terapia e discutiram seu medo. Mas, apesar disso, sentem-se incapazes, tão logo o medo aparece. Todos os seus conhecimentos não ajudam em nada. Elas são simplesmente tomadas pelo medo. Muitas vezes mesmo a fé não pode ajudar. Elas sabem que estão nas mãos de Deus. Porém, assim que entram em um avião ou têm de se submeter a uma operação, todas as palavras de devoção não servem para nada, a fé parece não ter poder diante deste medo muitas vezes irracional. O medo as surpreende como um animal a sua presa. A cabeça e o coração parecem incapazes diante do animal traiçoeiro do medo.

Outras pessoas se sentem impotentes diante de suas emoções. Elas não querem ser ciumentas. Porém não podem fazer nada contra isso. O ciúme surge simplesmente, sempre que a própria esposa conversa animadamente com um outro homem, ou quando o namorado passa mais tempo com outras pessoas. Todas as afirmações da mulher ou do namorado, de que amam somente a elas, não são suficientes. O ciúme simplesmente retorna cada vez que se apresenta uma situação semelhante. Outras se sentem incapazes diante de seus impulsos, como por exemplo, sua sexualidade ou seu vício de comer. Todos os esforços de vontade não ajudam em nada. Estas pessoas são constantemente dominadas pelos seus impulsos. Elas podem lutar o quanto quiserem contra seu problema com a comida, mas sempre fracassam. Isto deixa atrás de si um sentimento de impotência e resignação.

Uma mulher sempre se aborrece por entregar-se à depressão. A terapia não a ajudou. Assim que alguém a critica, ela cai novamente no buraco. E quando ela está no buraco, todas as reflexões que fez sobre a sua depressão durante a terapia nada ajudam. De nada ajudam todas as palavras ou métodos que ela possa usar contra isso. Ela sabe que lhe faria bem, em sua depressão, ligar para alguém ou fazer alguma atividade física, passear, andar de bicicleta ou trabalhar em algo prático. Mas neste momento isto não a ajuda em nada. Acabou tudo. Ela se sente incapaz, entregue à depressão como a um poder estranho. Não raro a depressão chega como se houvesse caído do céu, sem nenhuma razão visível. Todos os cuidados tomados contra ela não conseguem evitá-la. Isso também deixa atrás de si um sentimento de impotência.

Os doentes psíquicos sentem-se muitas vezes impotentes diante de sua doença. Uma mulher sofre da obsessão de lavar-se. Todos os acompanhamentos terapêuticos não puderam até agora libertá-la desta obsessão. Ela simplesmente tem de lavar-se tão logo tenha se sentado em uma cadeira estofada.

Porém, não precisamos absolutamente observar apenas os doentes. Nós todos conhecemos algum tipo de comportamento obsessivo, sobre o qual não podemos exercer nenhum poder. Alguém sofre sob a obsessão de verificar todas as noites se as portas estão trancadas. Um outro precisa certificar-se de que todas as coisas sobre a sua escrivaninha estejam no lugar certo. Nós nos aborrecemos todas as vezes que reagimos sensivelmente à crítica. E apesar disto não podemos mudar isto. Quando a conversa toca em determinados problemas, nos sentimos atingidos. Se alguém toca na nossa ferida, gritamos. Assim, existem muitas situações psíquicas nas quais nos vemos sem poder. Muitos sofrem por si mesmos, porque têm a sensação de que não conseguem escapar de serem feridos, de que a vida apenas os fere sempre mais.

Muitos sentimentos de impotência têm sua origem na infância. As crianças se sentem impotentes quando os pais discutem diante delas. Elas podem se esforçar muito para apaziguar a briga, mas seus esforços não ajudam em nada. As crianças sentem-se impotentes quando são espancadas. Contra a violência, muitas vezes brutal dos adultos, a criança não tem poder algum. Ela não tem nenhuma chance. Então surge uma raiva impotente, que faz com que a criança tenha de se fechar contra toda e qualquer dor, para afinal poder viver. Quando uma criança é tratada injustamente, pode protestar contra isso, porém muitas vezes o protesto não tem efeito algum. A criança permanece desamparada contra a injustiça. Quando uma criança é rejeitada, muito embora empregue todos os seus esforços para conseguir a atenção da mãe, surge um sentimento de impotência. Quando crianças, não tivemos frente aos nossos pais nenhuma chance de nos afirmarmos e de fazer prevalecer nossas necessidades. Muitas vezes um sentimento de impotência como este aparece quando já adultos nos deparamos com uma pessoa que nos lembra os pais ou o professor todo-poderoso, quando nos sentimos inferiorizados, quando somos tratados injustamente. Eu fiz um acompanhamento com uma mulher que, quando criança, sempre tinha de presenciar como seu amado pai era terrivelmente insultado por sua mãe em suas cenas de ciúme. Ela mesma foi difamada de prostituta pela mãe. Ela sempre se sentia impotente diante de sua mãe. Não teve qualquer chance de descobrir o próprio valor. Mais tarde, sempre que encontrava mulheres, que se parecessem com sua mãe, ela se sentia paralisada. Todos os conhecimentos psicológicos que ela adquiriu neste meio tempo não a ajudaram a superar seu sentimento de impotência.

É exatamente nos momentos de solidão profunda que o sentimento de impotência infantil pode tornar-se consciente mais uma vez, o sentimento de que só podemos contar conosco mesmos e, por fim, de que ninguém nos entende. Nós nos sentimos sozinhos. Ninguém entende nossos sentimentos, ninguém percebe nossos desejos. Sempre que os sentimentos de impotência diante de uma experiência real são inadequadamente fortes, deveríamos verificar se em nossa infância não existem lembranças de experiências nas quais nos sentimos de maneira semelhante. A lembrança por si só não nos liberta do sentimento de impotência, porém pode ser um auxílio para que analisemos este sentimento e desta forma possamos superá-lo. Pelo menos poderemos então entender melhor nossos sentimentos. Nós não nos rejeitaremos mais quando surgirem em nós sentimentos de impotência. A impotência pode se transformar através do entendimento e do falar sobre ela. Se soubermos onde se originam nossos sentimentos de impotência, eles perderão poder e nós poderemos lidar melhor com eles.

Impotência diante dos outros

Então existem os sentimentos de impotência diante de outras pessoas. Também estes têm muitas vezes sua origem em vivências infantis. Uma mulher sente-se impotente diante de sua mãe. Ela não pode defender-se contra ela. Quando a mãe a critica e a atinge em seus pontos sensíveis, ela fica então como que paralisada. Todas as conversas que ela teve com outras pessoas sobre sua mãe, nas quais ela desenvolveu estratégias, para se distanciar da mãe, neste momento não a ajudam em nada. A mãe tem uma intuição apurada para descobrir onde ela pode atingi-la. Ela precisa apenas censurá-la, de que deste jeito nunca encontrará um marido, para ter simplesmente então poder sobre ela. E a filha não pode esquivar-se deste poder.

Um homem sente-se impotente diante de seu pai. O pai sabe tudo, ele é inteligente e desvaloriza constantemente aquilo que o filho faz. Não importa o quanto o filho se esforce, ele não consegue nada contra seu pai. Ele nunca corresponde as suas expectativas. E acima de tudo ele não pode se defender contra suas provocações e contra seus julgamentos depreciativos. Um outro homem não pode se afirmar diante de seu chefe. Quando este grita, ele estremece e faz com ressentimento aquilo que o chefe quer. Ele sempre se propõe a dizer ao chefe onde estão seus limites, aquilo que ele pode assumir e aquilo que não. Porém ele sempre desiste quando o chefe grita com ele.

Podemos também nos sentir incapazes diante de pessoas que não nos são superiores, mas sim com as quais convivemos em um mesmo nível. Aqui temos a estudante impotente quando suas colegas lhe impingem uma consciência pesada por estudar tão pouco. Persuadir alguém a ter sentimentos de culpa é um meio sutil de obter poder sobre este alguém. Pois nenhum de nós é totalmente isento de culpa. Nós também sempre colocamos culpa sobre nós mesmos. Se alguém me impõe sentimentos de culpa, tão logo eu alguma vez queira fazer prevalecer a minha vontade própria, é pouco provável que eu consiga evitar sentir-me culpado. Mesmo que eu esteja certo de ter agido corretamente, mesmo assim o sentimento de culpa me corrói. É como um veneno, que o outro injetou em mim. Eu não posso me livrar disso. Estes sentimentos de culpa podem ser impostos principalmente pelos pais. Quando a mãe doente diz: "Você ainda me levará para o túmulo, se você não se preocupar comigo. Eu estou tão sozinha. É este o agradecimento por tudo que fiz por você?", então a filha mal pode defender-se contra isso. Os sentimentos de culpa afloram imediatamente. A mãe poderia de fato morrer, e então ela se repreenderia por não ter feito o bastante por ela. E então a filha vai visitar a mãe, que está cheia de sentimentos agressivos, para ajudá-la, e se irrita mais uma vez por ter se deixado determinar pelos sentimentos de culpa.

As pessoas que são infelizes em sua relação a dois se sentem impotentes. Elas amam seus parceiros ou parceiras, mas sempre se embaraçam em um novelo incompreensível de críticas, ofensas, injúrias e ataques de raiva. Elas gostariam de viver um bom relacionamento com aqueles a quem amam, porém o relacionamento se torna cada vez mais insuportável. Elas podem fazer aquilo que quiserem. Elas se sentem desamparadas no relacionamento em crise. No entanto, elas não podem se libertar do sentimento de seu amor pelo outro. Elas se sentem dependentes do ser amado, elas lhe dão poder sobre si mesmas e não têm então nenhum poder para moldar o relacionamento da maneira que gostariam. Os conselheiros matrimoniais veem muitas vezes a incapacidade dos casais de se comunicarem entre si de forma adequada e de solucionarem seus conflitos de maneira criativa. Cada um dos parceiros tem boa vontade, mas mesmo assim se sentem incapazes de conversar normalmente um com o outro. Cada um deles sente-se impotente diante de seus próprios sentimentos e sem força diante dos ferimentos e das ofensas do outro.

Impotência diante do mundo

Quando falamos hoje de sentimentos de impotência, pensamos principalmente nos sentimentos diante de nosso mundo. Muitos se sentem impotentes diante de uma burocracia anônima. Apesar de todos os esforços dos políticos por uma burocracia humanitária, nos deparamos sempre com casos nos quais a burocracia passa por cima de toda compreensão humana, nos quais ela atinge mortalmente exatamente os perdedores.

Muitos se sentem incapazes quando as autoridades governamentais anunciam decisões desumanas, quando, por exemplo, pessoas que pedem asilo são deportadas, e sobre as quais sabemos que em seus países com certeza serão torturadas. Todas as tentativas de convencer as autoridades ricocheteiam em um inexpugnável muro de leis. Nós nos escondemos atrás de algumas leis e deixamos o coração transformar-se em pedra. O asilo oferecido pela Igreja é uma tentativa de se defender contra este sentimento de impotência. Para muitos foi libertador que a Igreja tenha oferecido um espaço que nos protege de nos resignarmos em nossos sentimentos de impotência.

Muitos se sentiram impotentes quando viram as imagens de Ruanda ou da Bósnia na televisão. Tentaram expressar sua impotência dirigindo-se aos políticos. Porém, não conseguiram se impor. Alguns encontraram alívio ao fazer doações financeiras. Porém o sentimento de incapacidade permanece, pois bem próximo a nós se passam coisas irreais, com as quais nem sonhamos. Somos impotentes diante de uma crueldade que imaginávamos ter deixado de existir há muito tempo. Vemos a miséria, as crianças chorando, as mães desesperadas, mulheres violentadas, soldados torturados, pessoas perfuradas por tiros, valas comuns. Não podemos fazer nada contra isto. Isto paralisa, isto deixa um sentimento profundo de impotência, muitas vezes até de resignação, até mesmo de depressão. Rezamos contra isso, mas Deus também parece se calar. Apesar de todas as noites de orações, nada mudou na Bósnia. As pessoas em Ruanda continuaram a morrer apesar disto.

Os políticos que se engajam pelo Terceiro Mundo descobrem sua impotência para ajudar efetivamente ao povo destes países. Os missionários, que vivem há séculos na Tanzânia, sabem hoje, menos do que antes, o que fazer para poder realmente melhorar a situação local e ajudar aos seus habitantes de modo duradouro. Eles se sentem incapazes diante da estrutura paralisante em seu próprio país, mas também diante do envolvimento nas coações do comércio mundial, do peso da dívida, que cada vez cresce mais diante da luta sem esperança dos países pobres pela sua justa parte do grande bolo da renda mundial. Apesar de todos os esforços, a parte do bolo que lutamos para conseguir fica cada vez menor. E quando, depois de muita luta, é construída finalmente uma economia funcional, esta é arruinada por rivalidades tribais. Na África, a luta por um desenvolvimento pacífico e a construção da economia parecem perdidas. Sim, muitos políticos já se convenceram de que a África é um continente moribundo. É embaraçoso como eles procuram justificar sua incapacidade para mudar alguma coisa com justificativas pouco convincentes.

Os psicólogos e os pastores espirituais analisam as relações atuais. Eles veem como a televisão destrói cada vez mais a mente de um número cada vez maior de crianças, como os jogos de computador deixam o coração endurecido, como a falta de segurança atiça a violência na sociedade. Eles descobrem tendências em nossa sociedade que os assustam. Porém eles se sentem impotentes para fazer alguma coisa contra tudo isto. Seus avisos são como os clamores de Cassandra, que ninguém quer ouvir. Ninguém parece perceber como algumas tendências são perigosas hoje em dia. Os avisos ressoam cada vez mais fracos. O sentimento de incapacidade de lutar em vão contra o aumento da violência e do xenofobismo paralisa cada vez mais. Desistimos da luta. Não faz mesmo nenhum sentido. Ninguém quer mesmo ouvir. As pessoas preferem muito mais se deixar embalar por profetas que falam bonito.

Uma enfermeira em um hospital público precisa cuidar de um número cada vez maior de pacientes, que precisam ser alimentados através de uma sonda e cuja vida dessa forma é prolongada artificialmente. Ela sente que este não pode ser o sentido da vida, simplesmente vegetar. Acima de tudo os cuidados se tornam cada vez mais intensos. Porém todos os esforços conjuntos das enfermeiras não ajudam em nada. Os médicos detêm o poder. E quando eles prescrevem uma sonda – muitas vezes mesmo contra a vontade dos familiares – o doente precisa continuar a ser alimentado artificialmente em casa. As enfermeiras se sentem impotentes diante dos médicos, que com as suas medidas trazem muito sofrimento à família e lhes dificultam as condições de trabalho. Todos os apelos à razão humanitária não dão frutos. Assim, existem muitas situações nas quais as pessoas se sentem impotentes para parar um desenvolvimento, no qual todos veem que caminha na direção errada.

Nas duas igrejas os padres trabalham sempre mais para motivar os membros de suas paróquias a edificar uma comunidade viva. Mas seus empenhos permanecem sem efeito. Um número cada vez menor de pessoas faz uso de suas ofertas para palestras, círculos de conversas e serviços religiosos. Alguns homens e mulheres em acompanhamento espiritual se resignam. Eles têm a impressão de lutar contra um deslizamento de areia. Eles podem fazer aquilo que quiserem, a paróquia se fragmenta cada vez mais. Eles se sentem impotentes diante do espírito do tempo, impotentes contra a sorrateira descristianização. De forma semelhante se sentem muitos pais, para os quais é importante educar os filhos dentro dos preceitos cristãos. Contra a tendência do tempo eles não podem ganhar. Eles precisam ver, impotentes, como seus filhos não vão mais à igreja e procuram outros caminhos para si mesmos.

Capítulo II
Consequências do sentimento de impotência (incapacidade)

Nenhuma pessoa pode suportar bem o sentimento de incapacidade. Assim, reage de maneiras diferentes para se livrar deste sentimento negativo.

Raiva e violência

Primeiro existe a reação de raiva. Quando alguém se sente incapaz diante de outra pessoa, sente então muitas vezes desenvolver-se dentro de si uma raiva cega. De preferência, gostaríamos de bater no outro. Era assim que Dawson se sentia toda vez que aflorava em seu íntimo a impotência que conhecia desde a sua infância, quando seu pai lhe batia. John Bradshaw conta que Dawson, quando foi porteiro de uma boate, quebrou o maxilar de um homem que o aborrecera. Para superar o medo de ser surrado, em situações semelhantes ele se identificava com seu pai. "Sempre que uma situação lhe recordava as cenas brutais de sua infância, os velhos sentimentos de impotência e de medo eram despertados. Então Dawson se transformava em seu pai violento e feria os outros da mesma maneira que seu pai o feria"[16].

---

16. BRADSHAW, J. Op. cit., p. 30.

O fenômeno do aumento da violência em nossa sociedade, da violência na escola, da violência dos radicais de direita e da violência contra estrangeiros tem muitas causas. Uma destas causas situa-se na educação. Quando uma criança recebe pouca atenção, precisa chamar a atenção para ser notada. Quando uma criança sofre algum tipo de violência, como por exemplo ser ridicularizada ou espancada, ela própria usará de violência. Crianças feridas passam adiante os ferimentos que sofreram. Se nós não trabalharmos os ferimentos de nossa infância, estaremos condenados a ferir os outros. Alguns jovens têm um sentimento de autoestima tão baixo que só conseguem sentir a si mesmos quando são violentos. Um dos motivos para a violência é certamente também a impotência de poder mudar alguma coisa em nossa sociedade. A violência aumenta principalmente nos lugares onde os jovens têm poucas chances profissionais, onde eles não veem sentido em nada e onde são pouco respeitados. A violência é então a expressão da própria fraqueza, do sentimento de ser insignificante e de não ter valor. Usa-se então a violência para chamar a atenção. Muitas vezes os jovens não aprenderam a se defender com palavras, então a única arma é a violência. Outros não têm nenhuma palavra para expressar suas necessidades, então, para externar sua necessidade de atenção, resta-lhes apenas quebrar tudo. Quem é senhor de si não tem necessidade de se fazer notar pela violência. Porém aquele que não está em *si-mesmo* e não tem nenhum poder sobre si próprio, este precisa mostrar seu poder para os outros, precisa humilhar as outras pessoas para poder acreditar em sua própria grandeza, precisa ser violento com os outros para se sentir poderoso.

Brutalidade

Uma pessoa que se sente impotente diante de seus próprios erros e fraquezas também reage muitas vezes com raiva. Ela sente raiva de si mesma e procura então lidar com brutalidade consigo mesma. As pessoas que se sentem impotentes diante de seus impulsos são justamente aquelas que com mais frequência travam uma luta cruel contra si mesmas. Existe aquele que tenta controlar à força sua sexualidade. Mas ele não consegue. Apesar de tudo ela continua a perturbá-lo. Então muitas vezes a crueldade se desloca para a consciência. Ele se torna um juiz impiedoso de si mesmo, condena-se por suas fantasias sexuais e torna-se ao mesmo tempo um severo apóstolo da moral, que precisa censurar a todos que vivem a sua sexualidade. Furrer, terapeuta suíço, diz que a sexualidade reprimida conduz muitas vezes à brutalidade. Ela se mostra com frequência nos moralistas, que martelam brutalmente os outros com os mandamentos e condenam todo aquele que não os cumprir. Eles precisam sempre observar os outros e espreitar como eles vivenciam sua sexualidade, para que possam condená-los e persegui-los de forma cruel. Nos Estados Unidos uma atitude puritana levou ao controle de todas as pessoas públicas em termos de transgressões sexuais. É claro que particularmente na área da sexualidade acontece ainda hoje muita violência. É assustador o número de mulheres que quando crianças foram abusadas sexualmente. São sempre os homens que não conseguem lidar bem com sua sexualidade, que a reprimiram e que por este motivo precisam vivenciá-la nas crianças indefesas. O abuso sexual existe em grande escala, mas hoje em dia já existe também o abuso do abuso. Acusamos também homens inocentes de terem praticado abuso.

Contra uma acusação deste tipo nunca podemos nos defender de forma incontestável; somos impotentes. A acusação já é uma condenação antecipada. No abuso e no abuso do abuso expressa-se da mesma forma a impotência diante da própria sexualidade e também diante da sexualidade dos outros.

Severidade

Os sentimentos de impotência conduzem sempre à severidade. Isto tanto é válido para os fundamentalistas islâmicos quanto para os ascetas cristãos, que têm raiva de si mesmos. Os fundamentalistas islâmicos se sentem impotentes diante da influência da civilização ocidental. Assim, eles querem construir com o uso da violência uma barragem contra esta influência. O mesmo acontece com alguns fundamentalistas cristãos. Eles se sentem impotentes para cumprir seu ideal cristão com toda tranquilidade. Assim eles precisam esconder a incapacidade através de uma luta barulhenta contra toda a imoralidade da sociedade. Nas igrejas evangélicas existem alguns grupos que lidam de forma implacável com seus companheiros cristãos e sempre os acusam de desviar-se da Bíblia e de imoralidade. Na área católica, são os marianos militantes que insultam todos aqueles que tentam descrever Maria como ela é descrita na Bíblia e não como eles a imaginam. Os grupos militantes também não respeitam a autoridade eclesiástica. O Cardeal Döpfner, no fundo um homem conservador, que procurava integrar as tendências progressistas à Igreja, era um mariano devoto. Mas ele provocou sobre si uma avalanche de cartas ultrajantes, porque ele permitiu que o Musical Ave Eva, de Wilhelm Willms e Peter Janssens, fosse encenado no Mosteiro de São Bonifácio, em Munique. Até mesmo pessoas tão devotas quanto o Cardeal Döpfner, presidente da Conferência Nacional dos

Bispos da Alemanha, são ofendidas de forma grosseira, quando não correspondem às ideias destes grupos. É difícil dialogar com militantes cristãos. Eles pensam que estão agindo corretamente. Eles acreditam que representam a mensagem de Jesus e lutam pela Anunciação pura. Porém eles não percebem absolutamente o quanto esta luta se torna anticristã. Nela os opositores são ofendidos de forma grosseira e perseguidos por telefonemas noturnos. A questão é: por que estes cristãos implacáveis não estão abertos ao diálogo? Eles estão obviamente cheios de medo de que alguém lhes recorde sua própria incapacidade de viver como gostariam de viver. Estes cristãos procuram viver totalmente de forma cristã. Eles se esforçam para cumprir os mandamentos. Porém, eles não podem suportar sua impotência por nunca conseguirem aquilo de que gostariam. Se examinarmos a história da Igreja, veremos que os grandes pregadores da moral nunca viveram da forma que exigiam que todo mundo vivesse. Sua pregação moral era visivelmente a tentativa de esquivar-se de sua própria impotência defendendo veementemente a obediência aos mandamentos de Deus. Eles tinham medo do próprio lado sombrio, da imoralidade do próprio coração e fugiam de seu medo atacando os outros de imorais. Porque temiam o demônio em seus próprios corações, precisavam condenar os outros. Porém, em sua impotência exerceram um poder brutal sobre aqueles aos quais pregavam sua moral desumana. Em seu medo da própria sombra criaram nos outros o medo da culpa e dos pecados.

Autopunição

A raiva e a brutalidade como resposta ao sentimento de impotência não são dirigidas apenas contra os outros, mas também muitas vezes contra si mesmo. Aquele que se sente incapaz para realizar seus próprios ideais lida muitas vezes de forma muito rigorosa consigo mesmo. Ele procura eliminar seus próprios impulsos e paixões. Ele não se permite nenhum prazer. Ele se pune todas as vezes que desrespeita um mandamento. A autopunição pode expressar-se através de um acidente ou de uma doença ou também nas duras renúncias, com as quais ele reage ao seu fracasso. A crueldade se desloca muitas vezes para a consciência. De forma implacável a consciência julga os próprios erros. Estas pessoas se colocam constantemente no banco dos réus diante da cadeira de juiz de seu superego implacável. Elas até acreditam na misericórdia de Deus, porém não têm nenhuma misericórdia consigo mesmas. Elas se condenam pelo menor erro e exercem um terrorismo mental contra si mesmas. Elas se destroem em uma ascese tenebrosa contra si mesmas. Uma mulher sempre come demais e então sempre se pune com o jejum. Ela gravita todo tempo em torno do tema comer e jejuar. Jejuar é sem dúvida um caminho comprovado para a liberdade interior. Porém, quando jejuo para me punir por ter comido demais, estou sendo dura e cruel comigo mesma. Então o jejum não me conduz à liberdade, mas antes me torna apenas agressiva e insatisfeita.

Resignação e desespero

Uma outra reação à descoberta da própria impotência é a resignação, o desespero. Tentamos, repetidas vezes, superar nossos erros e sempre nos decepcionamos. A constante decepção comigo mesmo leva à resignação. Eu desisto de lutar e vivo então simplesmente por viver, sem grandes objetivos. Meus ideais se despedaçam. Nada adianta mesmo. Eu não vou adiante. Para o mundo exterior eu continuo a trabalhar com aplicação e continuo a ser bem-sucedido. Mas a melodia de fundo da minha vida é o desespero. Eu me atiro ao trabalho para não me defrontar mais com este desespero. Porém, ele sempre volta a aparecer quando não estou trabalhando e quando não tenho nada a fazer. A resignação e o desespero são frequentemente os motivos que levam as pessoas a se atirarem ao trabalho ou à diversão. Elas nos encaram através dos rostos sorridentes que vemos nos anúncios publicitários, nós as encontramos nos animadores, que devem levar os outros à alegria, e nos rostos dos gerentes que trabalham em excesso, para fugir de seu vazio interior. São pessoas que desistiram de continuar a tentar e de continuar a lutar. Elas se resignam dando-se por satisfeitas com aquilo que está em primeiro plano, porém sentem em seu íntimo que existe alguma coisa bem diferente, que Deus nos predestinou uma outra vida.

Nós podemos nos deparar com a resignação e o desespero também nos níveis sociais e políticos. É então que os políticos e os economistas desistem da luta pela melhoria do ambiente ou por mais justiça no mundo, porque não veem nenhum sucesso. Eles sentem que estamos sentados em um barril de pólvora, mas fecham os olhos a isso e continuam a fazer seus negócios diários. Atrás de alguns políticos e executivos engajados se abre um vazio desesperador, que é encoberto através da atividade constante. Estamos sempre viajando e lutamos por um bom propósito. Porém já desistimos da luta verdadeira. Nós nos sentimos sem força para alcançar realmente alguma coisa neste mundo. Algumas vezes temos a sensação de que os grandes discursos dos políticos apenas desejam encobrir a incapacidade que eles já sentiram há muito tempo, e diante da qual se renderam resignados. Quando criticamos um político ou um economista, que trabalha sem parar, na maioria das vezes ele reage ofendido. Então percebemos que ele com trabalho apenas quer ocultar a impotência interior, que espreita sob a camada superior de suas atividades e que o faz ter medo.

Capítulo III
Caminhos para lidar com a impotência (incapacidade)

1. Caminhos humanitários

Nós não podemos evitar a impotência porque ela é parte essencial de nossa existência finita. Porém nós podemos lidar com nossa incapacidade de diferentes maneiras. Nós podemos reagir a ela de forma resignada ou agressiva, ou então moldá-la de forma criativa. Quando respondemos ativamente à nossa impotência, ela pode tornar-se proveitosa para nossa vida. Então ela pode nos estimular a fazer por nós mesmos e pelo nosso mundo aquilo que nos for possível. Ela pode tornar-se uma fonte de fantasia para modelar o mundo de forma mais humana. Se reagirmos ativamente a nossa impotência, também podemos muitas vezes superá-la. Então não nos sentimos mais incapazes, porque nós mesmos tomamos a iniciativa de fazer aquilo que nos é possível. Eu gostaria de mostrar alguns caminhos, para podermos responder positivamente a nossa impotência diante da situação mundial e diante de nós mesmos.

Caminhos coletivos

Os grupos de ação cívica são uma tentativa de superação da impotência social. As pessoas se reúnem para lutar por um objetivo. Sozinhos seríamos impotentes para, por exemplo, defender a tranquilidade do próprio bairro. Em grupo é possível conseguir alguma coisa. É possível obrigar os políticos a refletir mais uma vez e encontrar outras possibilidades para o gerenciamento do trânsito. Algumas vezes os grupos de ação cívica lutam contra as resoluções de políticos, que na maioria das vezes estão presos ao voto partidário mesmo que não pensem da mesma forma. Mas muitos destes grupos não lutam contra alguma coisa, mas sim por alguma coisa. Eles se engajam, por exemplo, por uma creche no bairro ou por auxílio à vizinhança, por visitas aos hospitais, por mais espaços públicos para as crianças brincarem, por festas de rua etc. Estas iniciativas transmitem a sensação de que nós não estamos simplesmente entregue às imposições da sociedade e de que em meio a este mundo anônimo podemos criar coletividade e modelar o convívio.

Os caminhos coletivos para superar a impotência são, além disso, uma tentativa de criar uma comunicação melhor. Empresas, paróquias, famílias, mosteiros, todos estes grupos sofrem muitas vezes de falta de comunicação. Tão logo não possamos mais ter um bom diálogo com o outro, nada mais dá certo. A empresa continua a trabalhar por trabalhar, mas não constrói mais o futuro, ela não tem mais nenhuma influência sobre as pessoas, não surge nenhuma nova ideia. O mesmo é válido para os conventos e as paróquias. Quando as pessoas não podem mais falar entre si, a vida torna-se árida. Cada um até mesmo ainda trabalha obstinadamente, porém nada funciona mais em conjunto. E a comunidade já não é mais capaz de criar. Um caminho para sair da monotonia do cotidiano é a busca de novos modelos de comunicação, nos quais as pessoas possam falar sobre seus sentimentos, sobre suas necessidades, sobre as possibilidades e capacidades que trazem dentro de si. E elas falam sobre suas angústias e sobre seus sonhos e expectativas para o futuro. Então surge um potencial de poder, que se opõe à impotência e a supera. Então, pela primeira vez a pessoa vê o futuro cheia de esperança e tem vontade de construir e modelar a sociedade e, com ela, um pedaço do mundo.

Caminhos pessoais

Um caminho pessoal para não mais se sentir incapaz pode ser trabalhar em si mesmo. O trabalho em si mesmo foi denominado pela tradição de ascese. Por meio dela imagina-se que nós mesmos podemos moldar nossa vida através da renúncia, da disciplina e através de uma organização saudável. Ascese significa na verdade exercício. Eu me exercito em novas capacidades, eu me exercito em minha liberdade interior. Hoje corremos o perigo de nos lamentarmos, por não podermos mudar nada em nós mesmos e por vermos impotentes no que fomos transformados pela nossa educação. Ascese significa de fato: vontade de construir, vontade de trabalhar em mim, de descobrir coisas novas e de dar-lhes forma. Na ascese eu ganho uma nova intuição de mim mesmo, uma intuição de minha vida própria. Eu me torno senhor de mim mesmo, em vez de assistir impotente a como sou determinado pelo exterior ou por minhas paixões. Eu não estou simplesmente entregue aos meus erros e às minhas fraquezas. Eu posso trabalhar em mim, eu posso mudar alguma coisa, eu posso me livrar de imposições. Entretanto, em minha ascese também sempre chegarei a limites, descobrirei minha incapacidade de nova maneira, descobrirei que eu não posso fazer tudo que eu gostaria e que mesmo por meio da ascese não posso ter o controle total de mim mesmo. Mas então esta incapacidade se transformará na descoberta da misericórdia e não em fonte de resignação.

Quando alguém se sente incapaz diante de seus medos ou de suas paixões, um acompanhamento terapêutico muitas vezes pode ajudar. Na terapia eu posso descobrir as causas do meu medo ou da minha raiva e me reconciliar com as feridas do passado. No entanto, apenas o conhecimento das causas ainda não é suficiente para que eu me cure. Eu preciso permitir-me sentir a dor que vivenciei quando criança mais uma vez, eu preciso lamentá-la, para então me despedir das reações de minha infância. Aos poucos eu posso então aprender a lidar de modo criativo com meu medo ou com minhas feridas. Eu posso reagir ao meu medo de forma adequada, em lugar de me colocar incapaz diante dele. Eu sinto que ele tem um sentido, que ele quer me apontar o caminho certo. A terapia não me levará nunca a deixar de me sentir impotente. Porém, ela pode me ajudar a lidar de outra maneira com minha impotência, a primeiro me reconciliar com ela, e então experimentar as possibilidades de que disponho. C.G. Jung pensa que isso depende de que eu em algum momento da minha vida tome em minhas mãos a responsabilidade pela minha vida, de que eu diga sim ao meu passado e o entenda como o material, que serve para lhe dar forma. Quando eu aceito a responsabilidade pela minha vida, lido de forma ativa com a descoberta da impotência. Eu sei que não posso fazer tudo aquilo que quero. Porém, eu posso mudar algumas coisas em minha vida. Então não serei mais determinado pelos meus ferimentos, pelo contrário, eles se tornarão uma fonte de novas possibilidades. Muitas pessoas hoje em dia ficam presas à lamentação de que tudo foi muito difícil para elas, sem procurar uma maneira de poder curar suas feridas e de descobrir novas possibilidades em si mesmas.

Rituais saudáveis

Muitas pessoas têm hoje a sensação de que são determinadas por imposições técnicas ou econômicas. Elas se sentem impotentes diante destas imposições. Rituais saudáveis podem nos ajudar a dar um formato a nossa vida, que nos faça bem. Quando eu desenvolvo rituais saudáveis, rituais para começar ou terminar o meu dia, para planejar meu fim de semana, então eu tenho a sensação de que eu mesmo vivo, em vez de ser determinado por imposições. Eu não estou entregue a este mundo e suas imposições de forma impotente. Eu mesmo posso dar uma forma a minha vida que me traga alegria. Segundo Sigmund Freud, os rituais têm a função de exorcizar o medo. A ausência de forma gera o medo. Os rituais nos auxiliam a superar este medo. Os rituais são parte de uma cultura de vida saudável. A cultura que damos a nossa vida nos liberta do sentimento de sermos determinados pelos outros. Nós próprios podemos moldar nossa cultura de vida. Os rituais e nossa cultura de vida fortalecem nosso sentimento de identidade e de liberdade. E eles nos transmitem desejo de viver. Eu tenho vontade de dar a minha vida uma forma bonita e saudável. Eu me sinto bem em meus rituais. Eles são a expressão de minha fantasia e de minha liberdade. Eu não me coloco impotente diante de minha vida, eu assumo a responsabilidade pela minha vida e a modelo de tal forma que me faça bem.

Libertar-se do poder dos outros

Muitas pessoas se sentem impotentes diante dos outros. Elas não podem se defender diante do chefe, do cônjuge, do colega de trabalho que as ofende. Elas estão entregues sem nenhuma defesa às zombarias e às injurias. Neste caso, a raiva pode ser um importante medicamento que nos liberta da impotência diante das pessoas. A raiva é a força para me distanciar do outro, daquele que me feriu, para expulsá-lo de dentro de mim mesmo. Um importante princípio no convívio com pessoas que me ferem e que me determinam é: o outro terá tanto poder sobre mim, quanto eu lhe conceder. Eu quase não posso evitar reagir sensivelmente quando alguém me magoa. Porém, se eu vou passar o dia inteiro falando comigo mesmo sobre isso e fico a orbitar em torno de minha mágoa, isto é uma decisão minha. Eu não posso reprimir todo sentimento de aborrecimento. Porém, está em minhas mãos permitir que o aborrecimento tome conta de mim, ou então me distanciar dele. O aborrecimento é absolutamente uma força positiva, pois me dá impulso para mudar alguma coisa. Eu posso modificar uma situação com a qual eu me aborreço ao organizar as coisas de outra maneira. Ou eu posso mudar minha relação com aquele que me aborrece. Então o aborrecimento é a força para me distanciar do outro, de expulsá-lo de meu íntimo, de lhe proibir que entre em minha casa. Eu me proíbo de pensar constantemente no outro em minha casa, em meu quarto. Ele não tem lugar lá. Eu não lhe dou a honra de estragar o meu jantar. Depende de mim, se eu me sinto impotente diante do outro ou se me liberto do poder que exerce sobre mim, ao me distanciar dele e expulsá-lo de meu coração.

Eu costumo fazer acompanhamentos com mulheres que foram abusadas sexualmente quando crianças. O trágico é que, ao lado de sua raiva, elas ao mesmo tempo têm sentimentos de culpa por não terem se defendido ou por terem continuado a se relacionar com este homem. Eu tento transmitir coragem a estas mulheres para aceitar sua raiva contra aquele que as feriu desta forma em sua dignidade e expulsá-lo de dentro de si mesmas. Isto é então muitas vezes o começo da cura. Se o outro que me feriu ainda continua em meu coração, o perdão seria então uma forma doentia de magoar a si mesmo. Eu continuaria a remexer em minha ferida. Somente quando eu tirar aquele que me feriu de dentro de mim mesmo, será possível vê-lo de forma objetiva e perdoá-lo de coração. O perdão é então a libertação definitiva do poder do outro. Aquele que não pode perdoar é determinado por aquele que o magoou. Ele ainda carrega a mágoa dentro de si. Somente quando perdoo posso me libertar do outro. Algumas pessoas não se tornam saudáveis porque ainda não perdoaram o outro.

Convívio com o poder

O oposto da impotência é o poder. Nós temos hoje em dia uma relação contraditória com o poder. Nós pensamos imediatamente em abuso de poder, no poder que exercemos sobre outros. Porém o poder é absolutamente algo positivo. A palavra poder significa originalmente "a capacidade de realizar alguma coisa com liberdade e com a própria força, como se costuma dizer, que 'alguém domina um idioma', ou, principalmente, que 'alguém seria senhor de si mesmo', e não 'impotente'"[17]. Antes de tudo, o poder é portanto poder sobre mim mesmo, a capacidade de moldar a mim mesmo, de viver por mim mesmo. Em grego e em latim as palavras para poder, *dynamis* e *potestas*, também vêm de querer, ser capaz. Porém há também um outro significado: *dynamis* também significa força. Lucas entende Jesus como dotado de uma força especial. Já em sua concepção a força do Altíssimo já se fizera descer sobre Ele (Lc 1,35). Com a força de Deus, Jesus realiza seus atos milagrosos (= *dynameis* = atos de força). Os apóstolos têm um quinhão da força de Cristo. Com sua força eles

---

17. FURGER, F. Macht. In: *Praktisches Lexikon der Spiritualität*, p. 823.

também realizam atos milagrosos. O poder é para os gregos semelhante ao Ser, e ele é um atributo fundamental de Deus. Cristo, que se tornou participante da natureza divina (cf. 2Pd 1,3), também tem uma parte do poder de Deus. Ele é convocado a determinar sua própria vida e o mundo segundo a vontade de Deus.

Apenas em segundo lugar a palavra poder significa a tarefa de guiar e dirigir. Eu vejo pessoas que têm responsabilidade sobre os outros se queixarem com frequência de que não seria possível fazer nada com os empregados problemáticos, de que com eles têm-se que desistir, impotentes. A verdadeira liderança é uma resposta à experiência da impotência. Liderar significa descobrir novas possibilidades e fazer com que as pessoas as ponham para fora. O próprio Jesus nos mostra como devemos entender o poder em sentido positivo: "Os reis dominam seus povos, e os poderosos se deixam chamar de benfeitores. Porém convosco não deve ser assim, mas antes o maior dentre vós deve ser como o menor, e o governante deve ser como o serviçal" (Lc 22,25). Os reis governam os povos, os dominam e controlam, exercem poder sobre eles, ao humilhar os outros. Os reis inferiorizam o povo, para que eles próprios possam parecer grandes. Eles vivem às custas dos oprimidos. E os poderosos se deixam chamar de benfeitores. Eles utilizam seu poder para fazer boa figura diante dos outros. Portanto eles abusam do poder para si mesmos. O poder que um líder no sentido de Jesus exerce é um serviço. Ele serve às pessoas, serve à vida, atrai para fora das pessoas suas capacidades e possibilidades. Jesus as coloca em contato com seus próprios sonhos, com as possibilidades que trazem dentro de si. Cada um de nós é ao mesmo tempo guia e guiado, cada um já recebeu poder com sua própria existência.

O poder é o desejo de determinar a vida e de fazer com que ela aflore das pessoas. Neste sentido temos participação no poder de Deus.

Nos círculos cristãos muitas vezes impera uma relação contraditória com o poder. Nós nos negamos a exercer o poder, porque ele parece não corresponder ao nosso ideal de altruísmo e de amor ao próximo. Porém o que é triste é que o exercício do poder reprimido é pior para as pessoas do que o poder evidente. Podemos nos defender contra um poder evidente, porém, contra um poder que vem da repressão e que é exercido de maneira sutil e encoberta, somos impotentes. Porque na Igreja condenamos o poder, acabamos com frequência a exercer dentro dela um poder destrutivo. Um poder sob o qual nos escondemos, que não é claramente visível, destrói em vez de construir. Buscar uma nova maneira de lidar com o poder seria uma tarefa importante para nossas igrejas. O poder é também o desejo de moldar alguma coisa, de participar da modelação deste mundo, de fazer aflorar a vida nas pessoas, e de servir à vida, para que a vida que Deus nos deu possa desabrochar em muitas pessoas. O poder, assim diz Karl Rahner, é "uma dádiva de Deus, é a representação de seu próprio poder, uma parte da representação de Deus no mundo"[18]. Para Klaus Hemmerle, falecido bispo de Aachen, o verdadeiro objetivo do poder é "o domínio do bem e da justiça em forma do bem-estar comum... o poder é a ordem efetiva do convívio humano como seres no mundo"[19]. Ao invés de nos colocarmos impotentes diante das dificuldades pessoais

---

18. RAHNER, K. Theologie der Macht. In: *Schriften zur Theologie*, IV. Einsiedeln, 1964, p. 491.
19. HEMMERLE, K. Macht. In: RAHNER, K. & DARLAP, A. *Sacramentum Mundi*. Friburgo, 1969, p. 316.

e dos problemas mundiais, deveríamos ser gratos pelo poder que Deus nos deu, e usá-lo para moldar a nossa própria vida e o mundo segundo a vontade de Deus.

2. Caminhos religiosos

Muitas vezes a educação religiosa leva as pessoas a se sentirem impotentes. Quando Deus é visto apenas como o senhor todo-poderoso, muitas vezes não resta mais nada às pessoas do que verem a si próprias como pequenas e impotentes. Diante de um Deus severo e punitivo que tudo vê, eu não tenho nenhuma chance de escapar. Em todos os casos eu sempre serei apanhado quando cometer um erro. Eu estou entregue sem defesa ao seu poder. Existe um discurso sobre a devassidão do ser humano que fortalece nosso sentimento de impotência, porque nós sempre nos sentimos como pecadores que precisam bater no peito e pedir perdão diante de Deus.

Algumas vezes também não se dá atenção ao lado humano de Jesus e apenas sua divindade é acentuada. Então os milagres de Jesus são mostrados em cores tão fortes, que nós apenas nos podemos sentir ainda menores e inferiores. A divindade de Jesus e a onipotência de Deus não anulam então nossa impotência, mas antes a fortalecem.

Ao contrário de tudo isto, Jesus nos mostrou uma imagem totalmente diferente dos homens. Ele elevou as pessoas que eram esmagadas pelo peso da vida, que foram inferiorizadas e curvadas, aqueles a quem se havia quebrado a espinha dorsal, e lhes mostrou sua dignidade divina (cf. Lc 13,10). E em sua ressurreição Cristo nos ergueu. Por este motivo, em memória à ressurreição de Cristo, os cristãos de outrora sempre fizeram suas preces de pé. Em oração eles vivenciaram que Cristo os presenteou com a dignidade divina.

A pessoa soberana

João descreveu Jesus na Paixão de Cristo como uma pessoa soberana, para que nós, nas dificuldades de nossas vidas, mantenhamos nossa dignidade de soberanos. Quando Pilatos pergunta a Jesus: "O que você fez?", Ele responde: "Meu reino não é deste mundo" (Jo 18,36). Porque o reino de Jesus não é deste mundo, nem Pilatos, nem os soldados que o aprisionaram, torturaram e crucificaram, têm poder sobre Ele. Para todos os outros Jesus sofreu uma morte pavorosa na cruz. Porém, para João a crucificação de Jesus é apenas a subida ao trono do verdadeiro rei. O que João escreve aqui sobre Jesus também vale para nós. Em meio a nossa paixão, lá onde somos rejeitados, condenados, ridicularizados, feridos e ofendidos, podemos dizer: "Meu reino não é deste mundo". Existe em nós uma dignidade divina, que nenhum poder do mundo nos pode tirar, porque ela não é deste mundo. Mesmo na grande impotência da morte nossa dignidade soberana não pode ser roubada.

A Igreja Católica comemora a Festa de Cristo Rei no último domingo do calendário litúrgico. Em outras festas, como por exemplo a Festa da Epifania, já se evoca que Cristo reina sobre toda a terra. No entanto, isto é individualmente tematizado ao fim do ano eclesiástico. Não se trata apenas da proclamação de Cristo como rei, mas sim de que no Cristo Rei nós mesmos nos vivenciamos como pessoas soberanas. O rei é uma representação da pessoa, que domina a si própria, que é senhora de suas paixões e não se entrega sem defesa aos seus inimigos. Para os gregos o rei é ao mesmo tempo o sábio, que conhece os altos e baixos da existência humana. Martin Buber nos transmite as palavras do rabino Schlomo: "Qual é o pior ato do impulso do mal? E ele responde: quando o homem esquece de que ele é filho de rei"[20]. Nós comemoramos a Festa de Cristo Rei para que possamos caminhar eretos pelo nosso cotidiano, para que acreditemos na nossa dignidade soberana. A liturgia não quer portanto colocar nossa impotência diante de nossos olhos, mas sim nos convidar a descobrir e a vivenciar nossa verdadeira essência como cristãos, que nós temos uma parcela do reino de Cristo, que nós possuímos uma dignidade soberana, que nos permite caminhar eretos e que nos dá a liberdade diante de todas as pessoas deste mundo. Não há nada neste mundo que tenha poder sobre nosso núcleo divino.

Libertação do poder do mundo

A mística também se refere a este núcleo divino quando diz que possuímos em nosso interior um espaço de tranquilidade, que é habitado apenas por Deus e sobre o qual este mundo não tem nenhum poder. O Deus, que habita em nós, é o Deus do Êxodo, o Deus que nos liberta dos capatazes que nos impelem a trabalhar cada vez mais, que nos levam a renunciar a nossa liberdade apenas para podermos nos sentar junto às panelas de carne do Egito. Deus nos liberta do poder do mundo, do poder dos homens, de suas exigências e expectativas, de seus julgamentos e suas condenações. E Ele nos liberta do poder do superego, das autoincriminações e autocríticas, da autopunição e da autoinferiorização.

No batismo nós morremos com Cristo para este mundo. É isso que nos diz a teologia do batismo. Morrer para o mundo não quer dizer algo negativo, mas antes o caminho da liberdade. Se eu estou morto para este mundo, então ele não

---

20. BUBER, M. *Die Erzählungen der Chassidim*. Zurique, 1949, p. 403.

tem nenhum poder sobre mim. Eu descubro no batismo que existe uma outra vida em mim, uma vida divina, sobre a qual este mundo não pode dispor. A Festa da Eucaristia pretende nos relembrar da realidade de nosso batismo, ao festejarmos a morte e a ressurreição nós também festejamos nossa morte diante deste mundo. E quando nós entramos em uma igreja ou – em algumas regiões – ao sair de casa, nos benzemos com água benta, isto continua a ser uma lembrança de que nós vivemos a partir de uma outra realidade, de uma realidade sobre a qual este mundo não tem felizmente nenhum poder.

Reconciliar-se com a própria impotência

Há muito que o homem tenta invocar a onipotência de Deus contra sua impotência, e pensa que por meio de orações e de uma vida devota poderia se libertar de sua impotência. No entanto, o paradoxo cristão é que nós temos que nos reconciliar com nossa impotência. Em Jesus Cristo Deus revelou-se em sua impotência. Para Dietrich Bonhoeffer a descoberta da impotência de Deus foi uma descoberta decisiva, que o levou, na prisão em Tegel, a uma nova concepção de sua teologia: "Diante de Deus e com Deus, vivemos sem Deus. Deus deixou-se expulsar do mundo na cruz, Deus é impotente e fraco no mundo, e é exatamente e apenas por isto que Ele está conosco e nos auxilia"[21]. A imagem do Deus impotente conduz a uma outra autoimagem diferente daquela do Senhor todo-poderoso. Se Deus, ao tornar-se humano e na morte de seu filho, se revela impotente, então isto é um convite para nos reconciliarmos com nossa própria impotência.

---

21. BONHOEFFER, D. *Widerstand und Ergebung* – Briefe und Aufzeichnungen aus der Haft. 13. ed. Munique, 1966, 241 p.

Isto, porém, não é nenhuma impotência diante de Deus, na qual eu me sinta pequeno diante do grande Deus, mas antes uma impotência *com* Deus, na qual eu imagino a proximidade de Deus. Nossa impotência torna-se então o lugar da descoberta de Deus. É exatamente lá, onde não sou mais capaz de nada, onde estou no fim, onde fracasso, que Deus pode me despertar para Ele. Lá não me resta mais nada a não ser oferecer a Deus minhas mãos vazias e me entregar a Ele.

Para os cristãos a impotência é parte essencial de sua existência. Aquele que acredita em Cristo, o crucificado, ao contemplá-lo, vê nele a representação da impotência de Deus. Jesus termina na impotência da cruz. O pregador da cruz, o apóstolo Paulo, precisou descobrir em seu próprio corpo que era impotente diante do espinho em sua carne. Este espinho foi evidentemente uma doença penosa, que atrapalhou Paulo em suas pregações. Paulo pediu três vezes ao Senhor que o libertasse deste espinho. Porém Cristo o conduziu ao mistério de sua benevolência, que chega à perfeição exatamente em sua fraqueza: "A minha benevolência te basta: pois ela revela seu poder na fraqueza" (2Cor 12,9). Paulo achava que ele só poderia ser um bom propagador da mensagem de Cristo se pudesse se apresentar bem e parecer saudável diante dos coríntios. Ele precisou aprender com Cristo que não só deveria usar sua força, mas antes da mesma forma também sua fraqueza e sua incapacidade para poder atuar através delas. Nós somos permeáveis à benevolência de Deus exatamente quando descobrimos nossa impotência. Onde estamos alquebrados, também estamos abertos ao amor de Deus, e então a própria vontade não impede mais a atuação de Deus.

Provavelmente toda pessoa experimenta no decorrer de sua vida aquilo que Paulo vivenciou em seu próprio corpo; que a força de Deus é descoberta quando ela chega ao ponto final, quando tudo que tinha em mãos lhe foi tomado, quando ela tiver de admitir dolorosamente que não pode garantir nada sozinha. Evidentemente precisamos descobrir repetidas vezes que nossa força vem de Deus e não de nós mesmos. Nós nos defrontaremos com nossa última impotência na morte. Na morte tudo nos será arrebatado, não poderemos conservar mais nada em nossas mãos. Diante da morte podemos apenas nos deixar cair impotentes nas mãos bondosas de Deus. Na impotência que vivenciamos dia a dia já se manifesta a impotência diante da morte. Desta forma, toda impotência que vivenciamos nos convida a nos reconciliarmos com nossa natureza mortal, com nossa decrepitude e com a fraqueza de nossa existência carnal. Ao mesmo tempo, porém, a impotência nos convida a acreditar na força de Deus, na força da ressurreição, na qual o poder de Deus se mostra vitorioso também em nós. A descoberta de que nós não temos de fazer tudo sozinhos, de que podemos ser fracos, de que nós em nossa fraqueza somos amparados pela força de Deus é uma descoberta libertadora, que surge a partir de nossa impotência. Se eu me proíbo qualquer fraqueza, preciso viver sempre com medo de fracassar. Se eu, porém, sei que a graça de Deus pode se mostrar não só em minha força como também em minha fraqueza, eu posso confortado oferecer a Deus minhas mãos abertas e vazias. Então eu sentirei uma paz interior profunda e me sentirei livre da obrigação de ter de aperfeiçoar a mim mesmo.

Oração e impotência

A oração pode nos libertar do poder que os outros exercem sobre nós. A parábola do juiz que não respeitava Deus (Lc 18,1-8) nos mostra isso. Jesus conta no exemplo da viúva, que luta pelo seu direito em conflito com o adversário e com a qual o juiz que não respeitava a Deus não se preocupava, que a oração nos proporciona o direito à vida. A oração me conduz ao espaço da tranquilidade, no qual Deus me habita e no qual ninguém tem poder sobre mim. A este espaço da tranquilidade os inimigos não têm acesso, nem os inimigos externos, nem os inimigos internos, que me impedem de viver. E lá o juiz que não se preocupa com Deus nem com as pessoas será destituído de poder. O juiz que não respeitava Deus é uma representação para o nosso superego, que não se interessa se estamos bem, que não dá a menor importância a nossa dignidade divina. Na oração, Deus me auxilia em meu direito, Ele me conduz ao espaço de liberdade, lá eu descubro no espaço interior da tranquilidade uma vida verdadeira, lá eu vivencio um espaço de segurança, no qual eu posso ser totalmente eu mesmo.

No entanto, a oração não vai simplesmente me libertar da impotência que sinto diante de minhas paixões e medo ou diante do mundo. A oração não é nenhum truque que soluciona todos os problemas. Porém, em oração eu posso descobrir dentro de mim o lugar da tranquilidade, ao qual os problemas do mundo e meus próprios pensamentos paralisantes não têm acesso algum. Se alguém me feriu profundamente, a mágoa simplesmente não desaparece quando em meditação me coloco em contato com o espaço da tranquilidade. Mas a mágoa se torna relativa. No momento da oração eu me sinto livre da mágoa. Meu coração ainda está magoado, mas no fundo da alma (Tauler), na cela interior (Catarina de Sena), no *Sanctissimum*, no santuário interior, no qual os homens não podem entrar, lá a ofensa não tem nenhum acesso. Existe em mim uma área que os sentimentos de medo, de raiva, de ciúme e de cólera não podem invadir e na qual ninguém pode me ofender. Porém, apesar disso, tão logo eu retorne do mundo das orações ao meu cotidiano, me tornarei sensível quando for criticado. Então o ferimento ainda continuará a doer. Meu coração está tão ferido quanto antes. Mas ele intui que não está totalmente impregnado pela mágoa, que dentro dele existe um espaço que não foi tocado por ela. Isto dá, em meio ao ferimento, um pressentimento da cura e da liberdade, de paz e de confiança.

Participação no poder concedido a Cristo

Jesus previu para os apóstolos que o seguiram: "Quando o mundo for criado mais uma vez e o filho do homem sentar-se no trono de seu esplendor, vós, aqueles que me seguiram, sentar-vos-eis em doze tronos e julgareis as doze tribos de Israel" (Mt 19,28). Portanto eles terão participação no poder e no reinado de Jesus Cristo. Isto não se aplica apenas ao poder, que eles terão no fim dos tempos, mas sim já para a sua atuação neste mundo. Eles já possuem agora uma participação no poder de Cristo. Em seu nome e em seu poder "eles expulsarão os demônios, falarão em novos idiomas, se tocarem em serpentes ou beberem um veneno mortal, isto não lhes causará dano, e os doentes, que eles tocarem, serão curados" (Mt 16,17). Cristo transmitiu também aos seus apóstolos o poder que tinha sobre os demônios. A incumbência que Jesus recebeu para pregar também é ouvida nas palavras dos apóstolos quando falam em nome de Jesus. Quando o espírito de Cristo se revela em uma pessoa, os demônios não podem mais se defender. Eles são puxados para a luz do dia e têm de deixar a pessoa da qual se apossaram. Lá, onde o espírito de Cristo atua, os espíritos impuros, as ideias confusas, os complexos e os pensamentos que nos desorientam não têm mais nenhum poder sobre os homens.

A questão é: se e como os pensamentos bíblicos sobre o poder de Cristo e de seus apóstolos nos podem auxiliar hoje a superar nossos sentimentos de impotência diante das próprias fraquezas e diante da situação mundial atual? A repetição das palavras bíblicas sobre o poder de Deus sobre todas as coisas e o reinado de Cristo por si só não nos liberta ainda de nossa impotência. Eu gostaria de descrever algumas experiências que podem mostrar como a crença no poder de Deus pode libertar do sentimento de impotência.

Em conversas com as pessoas eu muitas vezes sinto uma impotência para poder ajudá-las. O interlocutor está possuído de tal maneira por ideias confusas ou tão influenciado pelas feridas de sua infância, que minhas palavras quase não o alcançam. Todas as tentativas para descobrir em conjunto aquilo que poderia ajudá-lo são malsucedidas. Então o que me auxilia é orar por esta pessoa durante a oração em grupo do coro, pedir a Deus que esmague o inimigo: "Arrebata-me de meus perseguidores; eles são mais fortes do que eu. Tira-me do cárcere, para que eu possa louvar o teu nome" (Sl 142,7). "Extermine em sua benevolência os meus inimigos, permita que todos os meus inimigos sejam destruídos! Pois eu sou teu servo" (Sl 143,12). Nestas palavras dos salmos eu sinto a força de Deus, que é mais intensa do que os poderes que mantêm meu interlocutor prisioneiro. Com os mesmos versos eu também posso orar diante de minha impotência contra minhas próprias fraquezas: "Senhor, liberta-me dos inimigos! Em ti eu me refugio" (Sl 143,9). Algumas vezes em situações assim eu recito em oração o Salmo 31 e imagino que Jesus moribundo dirigiu estas palavras a seu pai, que Ele neste momento em meio à fraqueza da morte sente o poder do Pai, em quem Ele confia. "Tu me libertarás da rede que colocaram secretamente sobre mim: pois tu és o meu refúgio. Em tuas mãos entrego confiante o meu espírito; Tu me redimistes, Senhor, Deus da verdade!" (Sl 31,5). Então cresce em mim a esperança de que mesmo em uma grande situação de impotência a confiança na proximidade auxiliadora de Deus pode me erguer e fortalecer de tal forma que eu não duvide, mas sim me entregue confiante às mãos de Deus.

A impotência que hoje em dia mais nos paralisa é a impotência que sentimos diante da situação mundial. Nós temos que evitar falar simplesmente na superação de nossa impotência por meio do poder supremo de Deus. Pois, ao agir desta forma, descobrimos que o Deus todo-poderoso parece se calar e não vemos nada de seu poder. Nossa fé é interpelada quando perguntamos por que Deus não interfere diante dos atos monstruosos ocorridos na Bósnia, em Ruanda e em muitos outros lugares deste mundo. O que significa esta conversa de Deus todo-poderoso, se Ele próprio assiste impotente como os homens destroem sua criação? O povo de Israel sempre vivenciou dolorosamente que Deus parece se retirar e não interferir. A história de Israel é uma única história de fracasso e de impotência. As igrejas cristãs vivem hoje na Europa uma experiência semelhante. Elas sentem sua impotência diante da perda constante de membros e do fato de que as pessoas se interessam cada vez menos por elas, apesar da oração e de todos os seus esforços. Como cristãos, não só diante da situação das igrejas, mas também em relação a nós mesmos, podemos orar como o salmista: "Teus inimigos fazem barulho em teus templos, colocam seus estandartes bem altos como sinal de sua vitória... Nós não vemos nenhum sinal para nós, não existem mais profetas, nenhum de nós sabe por quanto tempo ainda. Até quando, Deus, aquele que nos acossa poderá ainda nos ultrajar, até quando o inimigo poderá blasfemar de teu nome? Por que retiras tuas mãos de nós e manténs a tua mão direita escondida sob a túnica?" (Sl 74,4.8-11). Ou nós vivenciamos uma experiência semelhante a que foi descrita por Isaías: "Nós esperamos pela luz, porém só existe treva, nós esperamos pelo nascer do dia, mas caminhamos pela escuridão. Nós tateamos as paredes como cegos, como se não tivéssemos olhos. Nós tropeçamos ao meio-dia, como se já fosse o crepúsculo, nós vivemos nas trevas como os mortos... nós esperamos por justiça, mas esta não chega, e pela salvação, que, no entanto, permanece distante de nós" (Is 59,9-11). Para muitos, a impotência de Deus é uma tentação, para duvidar de Deus, para jogar fora a fé. Como Deus pode permitir isso. Ele, que é todo-poderoso! Para todo cristão suportar o fato de que Deus não interfere é um desafio a sua fé, desafio este que ele pode aceitar apenas diante da visão do sofrimento de Cristo na cruz.

Quando eu observo a miséria do mundo, os atos monstruosos na Bósnia e em Ruanda, diante dos quais eu me senti impotente, então a oração não acaba simplesmente com a minha impotência. Porém apesar disso me auxilia quando eu imagino que os assassinos não triunfarão sobre suas vítimas e que o mundo apesar de tudo está nas mãos de Deus e não nas mãos destes provocadores de guerra malucos. É preciso ter também uma fé forte para não desesperar diante da própria impotência. Então, é naturalmente mais fácil fechar os olhos e minimizar a situação nas regiões em guerra ou colocar a culpa nas pessoas que vivem nestas regiões. A fé no poder supremo de Deus não é nenhum ópio, que me fecha os olhos diante das necessidades das pessoas. Pelo contrário, a oração por estas pessoas me impulsiona também a fazer o que me for possível. *Ora et labora* (ora e trabalha), a contemplação e a luta, a entrega e a resistência (Bonhoeffer), o misticismo e a política, caminham juntos. Eu não posso me recolher na oração. Mas, várias vezes a oração pode me desafiar a fazer aquilo que Deus agora imaginou para mim. A confiança no poder supremo de Deus não é nenhum simples consolo, porém pode, em meio a raiva sem sentido que surge em nós diante de nossa impotência, acender em nós uma chama de esperança, que nos levará a uma ação sensata.

O poder da oração

Os monges do Monte Athos estão convencidos de que o nosso mundo ainda não se desfez em escombros e cinzas, porque em todos os lugares do mundo se fazem orações, porque não existe um minuto em que alguém não dirija suas preces a Deus. Starez Siluan acredita: "Apenas a oração do amor já é forte o bastante para influenciar significativamente o decorrer da história e para conter a extensão do mal"[22]. Os suíços acreditam ainda até hoje que devem agradecer sua paz secular à oração de São Nicolau de Flüe. Não podemos comprovar o poder da oração. Porém, todas as religiões estão convencidas de que a oração representa um potencial de poder, que é superior aos poderes destrutivos deste mundo. Representantes do movimento pela paz me perguntaram se a oração por si só seria útil. As demonstrações seriam bem mais eficazes para movimentar alguma coisa na cabeça dos políticos. É evidente que eu não posso provar se e como a oração transforma a estrutura de pensamento dos poderosos. As demonstrações também têm certamente o seu valor. Porém, para mim a oração tem absolutamente o poder de colocar alguma coisa em movimento neste mundo. A questão é que efeito teve a transformação no Leste

---

22. SILUAN, S. Mönch vom Heiligen Berg Athos. In: SOPHRONIUS, A. *Leben-Lehre-Schriften*. Düsseldorf, 1959, p. 146.

Europeu, ou a paz entre Israel e os árabes e o fim da discriminação racial na África do Sul? Eu acredito no poder da fé de fazer uma pedra rolar.

O poder do amor

Nós cristãos não acreditamos apenas no poder da oração, mas também da mesma forma no poder do amor. O amor de Deus brilhou sobre Jesus Cristo aqui na terra. Este amor curou os doentes e reergueu pessoas. Na cruz o amor de Cristo é claramente visto. Mesmo na cruz Jesus amou aqueles que o martirizavam. Assim, este amor nos convida a renunciar a nossa autocondenação. Se o próprio Jesus ainda ama àqueles que o mataram, eu também posso me sentir amado por Ele e amar a mim mesmo. O amor de Jesus Cristo fez surgir nos últimos 2000 anos ilhas de humanidade em todo canto deste mundo. Sempre existiram pessoas que se deixaram contagiar por este amor e que com ele fizeram um pedaço do mundo mais humano e mais amável. Sempre foi o amor que destruiu as barreiras entre os homens e os povos. A oração me motiva a amar. O amor, porém, tem de se tornar visível não só na disposição, como também na ação. Foi o amor que Anwar Sadat trazia em seu coração como muçulmano devoto que possibilitou a paz com Israel. Foi o amor em Martin Luther King que acabou sem violência com as frentes de combate entre negros e brancos. A reconciliação entre a França e a Alemanha não foi obtida apenas pela ação dos políticos, mas sim porque de ambos os lados existiam pessoas suficientes que amavam umas às outras, para quem o amor era mais forte do que o ódio, que cem anos de rivalidade havia produzido. As lendas nos falam de como o amor pode transformar uma pessoa, de como ele pode fazer a pedra derreter e transformar um animal em um ser humano. Isto nós podemos ver repetidas vezes nos séculos passados. O amor fez com que o muro, que dividia as duas partes da Alemanha, se derretesse. O amor faz de loucos, que se digladiam até sangrar, mais uma vez pessoas que podem caminhar juntas.

O paradoxo do amor consiste em ser poderoso exatamente em sua impotência. O amor renuncia a todo poder externo. O amor de Jesus tornou-se diretamente visível na impotência de sua morte. O amor se atreve a penetrar e a transformar a treva mais profunda e a maldade. Em seu amor, Jesus não se defendeu contra aqueles que o mataram. Ele interrompe o círculo vicioso da retribuição. Com seu amor, Ele atravessa através do mal e desta forma o despedaça. João nos descreveu o amor de Jesus na cena da lavagem dos pés: "Como Ele ama os seus, que estavam no mundo, Ele demonstra-lhes seu amor até o fim (Jo 13,1). Jesus se ajoelha no solo e lava os pés dos apóstolos, que estavam sujos e feridos. Desde a morte de Jesus na cruz, a partir da força deste amor divino, inúmeros cristãos se engajaram por este mundo e o construíram. Seu amor impotente tornou-se a força mais poderosa deste mundo. Ele cunhou a nossa terra.

Na esfera pessoal qualquer um já deve ter supostamente vivenciado que um amor desinteressado pode surtir o efeito de colocar no outro alguma coisa em movimento. Isto é ilustrado na história chassídica do pai que era impotente diante de seu filho mal-educado. Ele o leva ao rabino. Este o aperta contra o seu coração e o mantém desta forma preso a seus braços. Um dia depois ele o devolve totalmente mudado ao pai. No jardim de infância uma menina de cinco anos que foi abusada sexualmente pelo pai, e que havia sido aceita recentemente, desabrochou sobre a influência dos olhos amorosos das irmãs. Aquilo que os outros educadores não haviam conseguido depois de um ano inteiro foi conseguido pelo olhar amoroso. Pela primeira vez ela falou por si mesma com a professora do jardim de infância, e pela primeira vez participou da atividade de pintura junto com as outras crianças.

Muitas vezes é necessário ter uma fé muito grande e muita perseverança para confiar no amor impotente e em seu poder transformador. Não raro demora muito até que uma mãe veja o filho, que saiu do caminho, reagir ao seu amor.

Nas áreas sociais e políticas vemos a nós mesmos ainda mais impotentes com o nosso amor. Que efeito pode ter o nosso amor contra o poder das armas? Os exemplos de um Sadat, um Gandhi, um Martin Luther King parecem ser exceções. As discussões sobre a luta sem violência pela paz mostraram que sem um certo poderio militar aparentemente não é possível assegurar a paz. No entanto, as armas não conseguem apenas a paz, mas repetidas vezes também a guerra. O amor destituído de violência de muitas pessoas é como a semente de mostarda, que cresce até tornar-se uma árvore em cuja sombra as pessoas podem viver em paz umas com as outras. Ele é como o fermento que penetrou no tacho de trigo.

Um irmão disse uma vez que apenas três monges, com sua dedicação e amor, seriam suficientes para transformar uma comunidade de 200 monges. Talvez bastem apenas trinta pessoas, que sejam permeáveis ao amor de Deus, para colocar uma grande população em movimento. Quem acredita no poder do amor pelo menos não se sente totalmente impotente diante da situação mundial atual. Ele usa seu amor contra a impotência, mesmo que este durante muito tempo pareça não ter produzido nenhum efeito. Ele acredita na força transformadora do amor e supera com sua fé a resignação e o desespero, em que muitos caem frente a sua impotência contra a prática da guerra. No entanto, ele não pode provar o poder de seu amor. Ele pode apenas crer e esperar que a semente do amor germine e dê bons frutos.

Resumo

Sentimento de autoestima e sentimento de impotência – em torno destes dois polos muitas pessoas circulam hoje em dia. Elas anseiam por um sentimento de autoestima forte, por autoconfiança, por autoconsciência e autossegurança. Elas querem sentir a si mesmas, o mistério de seu ser, descobrir o seu *si-mesmo*. E elas querem poder se apresentar diante dos outros com segurança. As muitas pessoas jovens que procuram nossos cursos durante o Ano-Novo, a Páscoa e Pentecostes, procuram na fé não apenas um sentido para suas vidas, mas antes muitas vezes também o fortalecimento de seu sentimento de autoestima. Estes jovens esperam que a oração os conduza a sentirem-se a si mesmos, a sentir sua dignidade divina, a superar seu medo e sua insegurança em um mundo anônimo e frio e a encontrar confiança; confiança em Deus, confiança em uma comunidade de pessoas, que aceitam e erguem umas as outras, e confiança em si mesmos, na força, que Deus lhes deu, confiança no futuro, que Deus lhes planejou. As questões dogmáticas hoje pouco interessam aos jovens. Para eles, a diferença entre católicos e evangélicos quase não existe mais. As questões filosóficas, como aquelas que após a Segunda Guerra Mundial ainda preocupavam os jovens, também não são o centro de suas atenções. Para eles trata-se muito mais de saber como podem viver neste mundo de forma sensata e confiante, como podem ver a si mesmos com novos olhos e como podem obter a partir de Deus um sentimento de autoestima saudável e autoconfiança.

A busca central por um sentimento de autoestima tem também muitas vezes traços narcisísticos. Alguns jovens fecham seus olhos diante da situação mundial. Eles não podem absolutamente suportar olhar para a Bósnia ou para Ruanda. Por este motivo buscam abrigo e segurança neste mundo hostil e incompreensível em grupos religiosos. Admitir sua impotência diante das muitas guerras e injustiças deste mundo exige demais deles. Eles não podem absolutamente enfrentar esta impotência, porque não sentem em si mesmo a força para suportar a própria fraqueza e ausência de poder. Como seus sentimentos de impotência diante de si mesmos e diante da situação mundial são muito intensos, eles precisam reprimi-los. Nós podemos observar a repressão da própria impotência em todo canto deste mundo, nos políticos, nos cientistas e nas pessoas da Igreja. Suportar a impotência é desagradável. Por este motivo, preferimos ignorá-la.

A Bíblia mostra que a impotência é parte essencial de nossa vida. O povo de Israel vivenciou esta impotência repetidas vezes em sua história. Sua história não foi a história de um poder crescente, mas sim a história de uma impotência que aumentou até terminar finalmente no desterro e ter de recomeçar bem pequena e modesta. Como cristãos olhamos para Jesus Cristo, que morreu na impotência da cruz. O poder de Deus em Cristo foi provado exatamente através da impotência da cruz. É o poder da ressurreição que nos ergue de nossa impotência, que se revela exatamente em nossa impotência como a força de Deus e não como nossa força. A fé, que nos confronta com nossa impotência, também mostra caminhos para podermos conviver com ela de forma criativa, em vez de nos refugiarmos na resignação ou na depressão, e para aceitarmos de forma ativa o desafio de nossa impotência e podermos moldar nosso mundo a partir da oração de forma humanitária e cristã.

O caminho da fé pode nos ajudar a desenvolver um sentimento de autoestima saudável e a conviver com nossa impotência de forma a fazer com que ela se torne uma fonte de fantasia e criatividade. Em nosso caminho de fé nós precisamos trilhar todos os caminhos humanos, sem encurtá-los espiritualmente (*bypassing* espiritual). Os sentimentos de autoestima e de impotência têm suas causas em fatos psíquicos, em acontecimentos da infância e nas descobertas que fazemos diariamente. Por este motivo, a fé deve levar a sério os conhecimentos psicológicos antes de apontar então um caminho fora do nível psicológico. Não estaríamos prestando nenhum serviço a uma pessoa que devido às relações difíceis de sua infância não pôde desenvolver nenhum sentimento de autoestima, se lhe disséssemos precipitadamente que ela tem de confiar em Deus, porque Deus confia nela. Mesmo aquele que tem fé precisa confrontar-se com sua realidade psicológica. Ele precisa oferecer a Deus em oração os ferimentos de sua infância e falar sobre eles com o conselheiro espiritual. Somente após ter revelado toda a sua verdade para Deus e para uma pessoa, suas feridas poderão ser curadas. E ele encontrará na fé um caminho para, apesar de seus ferimentos e de suas humilhações, descobrir sua dignidade divina e desenvolver desta forma um sentimento de autoestima saudável. Na fé ele sempre ouvirá a palavra primeira, que Deus, durante o batismo de Jesus, disse a seu Filho e diz também a nós quando estamos no meio da "água do Jordão", quando nos encontramos no meio das águas de nossa culpa e de nosso fracasso: "Tu és meu filho amado, tu és minha filha amada, em ti eu me comprazo" (Mc 1,11). E talvez possa também então descobrir que o céu sobre ele se abre e a grandeza de Deus alivia a sua aflição (Mc 1,10).

Conecte-se conosco:

f facebook.com/editoravozes

⊙ @editoravozes

X @editora_vozes

▶ youtube.com/editoravozes

☺ +55 24 2233-9033

www.vozes.com.br

Conheça nossas lojas:

www.livrariavozes.com.br

Belo Horizonte – Brasília – Campinas – Cuiabá – Curitiba
Fortaleza – Juiz de Fora – Petrópolis – Recife – São Paulo

EDITORA VOZES LTDA.
Rua Frei Luís, 100 – Centro – Cep 25689-900 – Petrópolis, RJ
Tel.: (24) 2233-9000 – E-mail: vendas@vozes.com.br